Dans les collections
Cuisines des pays de France
et Cuisines des pays du monde

1 – La cuisine charentaise
2 – La cuisine gasconne
3 – La cuisine basque
4 – La cuisine toulousaine
5 – La cuisine du Languedoc
6 – La cuisine bordelaise
7 – La cuisine des Pyrénées
8 – La cuisine du Périgord
9 – La cuisine ariégeoise
10 – La cuisine catalane
11 – Plats du terroir en Charente
12 – La cuisine landaise
13 – La cuisine aveyronnaise
14 – La cuisine des tapas
15 – La cuisine du canard et de l'oie
16 – La cuisine des placards
17 – La cuisine de l'été
18 – La cuisine des poissons, coquillages et crustacés
19 – La cuisine du cochon
20 – La cuisine auvergnate
21 – La cuisine de l'hiver
22 – La cuisine espagnole
23 – La cuisine marocaine
24 – La cuisine provençale
25 – La cuisine des îles
26 – La cuisine italienne
27 – La cuisine chinoise et vietnamienne
28 – La cuisine des gourmands
29 – La cuisine corse
30 – La cuisine à la plancha
31 – La cuisine des salades
32 – La cuisine du jardin
33 – La cuisine des crêpes et des galettes
34 – La cuisine indienne
35 – La cuisine du pain
36 – La cuisine des moules

En couverture : rissoles de Saint-Flour.

Ce livre a été imprimé par Oberthur Graphique à Rennes – France.

ISBN : 2.87901.350.X – Éditeur : 969.03.05.02.05 – N° d'impression : 6317

Francine Claustres

La cuisine auvergnate

Photographies de Bernard Claustres

ÉDITIONS SUD OUEST

Un beau plateau de fromages

Boudes et son vignoble (photo Régine Rosenthal).

INTRODUCTION

Le Massif central est un massif ancien que l'école géographique appela « central » sous la Troisième République ; ce bloc compact de hautes terres entouré de dépressions s'étend sur une superficie de 85 000 km². L'Auvergne, cœur de la France, se situe au beau milieu de ce massif. La vieille terre des Arvernes s'est illustrée dès l'aube de l'histoire par les exploits de Vercingétorix.

Quatre départements composent cette antique province tout en contraste et en diversité, où coulent et scintillent dans des gorges profondes les méandres et les cascades de nombreux ruisseaux et rivières. Leur murmure se mêle parfois au tintement des sonnailles. L'Auvergne, grande réserve naturelle, est aussi un véritable château d'eau qui alimente les bassins de la Loire et de la Garonne. L'isolement et les rigueurs climatiques ont longtemps préservé les coutumes et les traditions du pays des hauts plateaux et des volcans endormis. Les habitants, modèles d'énergie et de courage, ont tiré parti de cette terre à laquelle il sont farouchement attachés.

Des monts : Dore, du Cantal, du Puy… Ici, il n'y a guère de plaines en dehors des fertiles Limagnes où serpentent la Dore et l'Allier. Ces monts sont des terres d'élevage aux pâturages peuplés d'herbes sauvages et parfumées qui donnent aux viandes, au lait et aux fromages une saveur particulière.

La race bovine privilégiée est la salers, sélectionnée dès le XIXᵉ siècle dans cette zone. C'est une jolie vache à la robe acajou et

Paysage du Cézallier (photo Régine Rosenthal).

aux cornes en lyre. Elle est rustique, maternelle et bien adaptée aux reliefs accidentés et aux écarts de température du pays.

Dans cette région pauvre et soumise aux longues froidures hivernales et parfois à l'isolement en montagne, « il faut faire avec ce que l'on a et surtout ne rien laisser perdre ». La cuisine régionale, essentiellement paysanne, est élaborée avec les produits du terroir et c'est pour cela qu'elle est originale, pleine d'astuces et de saveurs inattendues.

Ces recettes ancestrales, transmises d'une génération à l'autre, bonifiées par le savoir-faire des « ménettes », peuvent, malgré leur simplicité, satisfaire les gourmets les plus exigeants.

La gastronomie locale englobe plusieurs sortes de cuisines : il y a la cuisine du cochon, la cuisine de la pomme de terre, la cuisine du fromage et la cuisine des desserts (les Auvergnats aiment les douceurs, qui sont fort nombreuses).

Au fil des pages de ce livre, je vais essayer de vous présenter les recettes d'antan de ce beau pays et, en les réalisant, vous retrouverez son âme.

Les « ménettes » d'Aurillac

A Lyon, les « mères », ces célèbres cuisinières, ont fait la réputation culinaire de l'ancienne capitale des Gaules. En Auvergne, leur équivalent sont les « ménettes », filles de l'ordre de la charité de Sainte-Agnès, ordre fondé par les jésuites au XVIIIe siècle dans le Cantal. Ces filles, qui n'étaient pas cloîtrées, vivaient et servaient dans les maisons nobles ou bourgeoises. Elles apprenaient les fondements de l'art ménager et transmettaient les secrets et les recettes légués par les générations pré-

cédentes. Ces filles dévotes ont recueilli et amélioré le savoir-faire des cordons bleus auvergnats.

Elles sont à l'origine de la majeure partie du patrimoine gastronomique de la région.

Le vignoble

« Pour moi qui suit de Romagnat,
Je dis que le vin auvergnat
Vaut bien les autres
Et que s'il était connu mieux
Il aurait certes de fameux Apôtres. »

Ce vieux couplet célèbre les vins rares mais gouleyants élevés dans les terres volcaniques d'Auvergne. Son cru le plus fameux, le vin de Chanturgue, est loué dans L'Orgue du Titan, de George Sand. Le vignoble, classé VDQS par un arrêté du 14 mars 1977, couvre une superficie d'environ 600 hectares. L'arrêté donne la possibilité d'adjoindre une appellation locale.

La zone de production s'inscrit dans les communes ou parties de communes suivantes :

• côtes d'Auvergne-Boudes : Boudes, Chalus et Saint-Hérent ;
• côtes d'Auvergne-Chanturgue : Clermont-Ferrand et Cébazat ;
• côtes d'Auvergne-Châteaugay : Châteaugay, Cebazat et Ménétrol ;
• côtes d'Auvergne-Corent : Corent, les Martres-de-Veyre, La Sauvetat et Veyre-Monton ;
• côtes d'Auvergne-Madargues : Riom.

Vignobles de Châteaugay ; au fond, Clermont-Ferrand.

Les côtes d'Auvergne s'étendent sur 37 communes de l'arrondissement de Clermont-Ferrand, onze communes de l'arrondissement de Riom et cinq communes de l'arrondissement d'Issoire.

Les vignes cultivées sur des sols d'origine volcanique sont exposées au sud, sud-est et reposent sur différents type de terre de couleur brune. Tous ces sols sont secs et bien drainés. Selon les pentes, apparaissent des sables (provenant de la destruction granitique), des marnes, des calcaires, des morceaux de lave.

Ces facteurs expliquent les caractères dominants des vins, dont la finesse est apportée par le sol et le fruité par l'exposition.

Les cépages sont, pour les rouges et les rosés, le gamay et le pinot noir, et pour les blancs, le chardonnay.

La robe des rouges est légère, d'une nuance à dominante carmin parfois ambrée ; ils sont coulants, bien structurés et aromatiques.

Les rosés sont secs, solides et coulants. Les blancs à la robe légèrement jaune paille de type sec sont vifs et fruités.

La production est très confidentielle et présente peu d'aptitude au vieillissement.

Température de service conseillée pour les déguster : 14 °C pour les rouges, 12 °C pour les rosés et 11 °C pour les blancs.

• *Le saint-pourçain*

A Saint-Pourçain (VDQS), le vignoble englobe des vins rouges, rosés, gris et blancs.

Près de Moulins, surplombées à l'ouest par des collines et des plateaux, on aperçoit les terrasses de Saint-Pourçain. C'est sur un des coteaux sédimentaires proches de Chemilly que sont plantées les vignes.

Les cépages utilisés sont :

- le gamay et le pinot noir pour les vins rouges et rosés ;
- le chardonnay, le tressalier et le saint-pierre doré pour les blancs.

Les vins rouges, à la robe aux reflets grenat, sont agréablement fruités et aromatiques, pleins et fins à la fois.

Les vins rosés revêtent une robe d'un rose soutenu tirant sur le gris. Ils sont secs et allient harmonieusement fermeté, finesse et vivacité.

La typicité des vins blancs à la robe jaune paille résulte de l'assemblage des cépages dont ils sont issus.

On trouve également quelques vins mousseux, vins effervescents élaborés à partir du tressalier.

LES FROMAGES

« Les fourmages d'Auvergne / Cogneus par tous les lieux de France depuis l'une mer jusqu'à l'autre... » (Olivier de Serres, *Théâtre d'agriculture et mesnage des champs*, 1600)

L'Auvergne nous offre aujourd'hui le plus prestigieux plateau de fromages, riche par sa diversité et la qualité de ses cinq grands fromages AOC.

C'est aux terres volcaniques de ses hauts pâturages recouverts d'herbes sauvages et odoriférantes, et au savoir-faire millénaire des fromagers que nous le devons.

Cantal et salers.

• *Le cantal*

Son origine est fort ancienne. Pline l'Ancien le cite dans son *Histoire naturelle*.

Le mode de fabrication n'aurait, à quelques détails près, pas changé depuis 1750 : dans un long texte intitulé *Addition à l'économie rustique*, M. Desmaret décrit la fabrication des fromages « du Cantale ou d'Auvergne », qui est restée la même jusqu'à aujourd'hui.

Les vaches salers du massif du Sancy. Au fond, le lac Chauvet (photo Régine Rosenthal).

Pour faire un bon fromage de Cantal d'un poids de 40 kg, il faut 380 litres de lait d'une même traite. Le lait est emprésuré à chaud, mais la pâte n'est pas cuite. La tome est pressée deux fois, broyée puis salée et longuement brassée.

Ses fourmes imposantes mûrissent lentement dans des caves fraîches, humides et sombres.

Trois variétés de cantal sont commercialisées :

• le cantal jeune affiné pendant 30 jours ;
• le cantal entre-deux affiné de 2 à 6 mois ;
• le cantal vieux affiné au moins 6 mois.

• *Le salers*

Ce fromage de la haute montagne est fabriqué de mai à octobre. La fourme de Salers a un goût très particulier donné par la flore des hauts pâturages.

Le salers est affiné au moins trois mois en cave, et jusqu'à plus d'un an. Sa croûte s'épaissit, se fonce et son goût devient plus prononcé.

• *La fourme d'Ambert*

La fourme d'Ambert bénéficie d'une appellation d'origine contrôlée par décret du 9 mai 1972. Le Comité interprofessionnel de la fourme d'Ambert et de Montbrison a déposé un label syndical qui en garantit la qualité. La majorité des fromages sont fabriqués dans des petites laiteries artisanales.

Le plus ancien témoignage connu de l'histoire de la fourme d'Ambert est inscrit sur une pierre dîmale au-dessus de la porte d'entrée de la chapelle féodale du IXe siècle de La Chaulme, commune de Puy-de-Dôme, dans les monts du Forez.

Il faut 25 litres de lait de vache pour obtenir une fourme d'environ 2 kg (cylindre de 20 cm de hauteur et 13 cm de diamètre). La fourme est revêtue d'une croûte gris foncé striée de moisissures jaunes et rouges.

La fourme d'Ambert.

L'emprésurage se fait entre 26 et 33 °C ; il faut deux heures pour obtenir un caillage complet.

Le caillé est brisé et pressé légèrement avant le moulage, puis salé et égoutté durant une semaine. Les fromages sont retournés régulièrement. L'affinage, qui dure trois mois, se fait dans des caves humides et aérées.

L'ensemencement spontané au penicillium glaucum donne aux fourmes leur moisissures internes.

• *Le bleu d'Auvergne*

Le bleu d'Auvergne.

Vers les années 1850, Antoine Roussel, paysan du Puy-de-Dôme, eut l'idée d'ensemencer des fourmes blanches avec la moisissure du pain de seigle.

Il ne se doutait pas que 130 ans plus tard, 7 000 tonnes de « son » fromage seraient fabriquées. Il ne pensait pas non plus que son buste serait érigé sur la place de Laqueuille, son village natal.

Le succès des bleus s'affirma très vite.

Les bleus d'Auvergne ont de nombreuses variantes : bleu de Laqueuille, bleu de Thiézac, bleu de Cayres, bleu de Saudes, bleus du Velay ou du Costeros.

Les fromages sont élaborés au lait de vache ; leur pâte persillée n'est ni pressée ni cuite.

Le bleu d'Auvergne bénéficie d'une appellation d'origine contrôlée.

Selon les laiteries, sa fabrication a évolué différemment. Certaines ont conservé les règles définies par A. Roussel, d'autres pratiquent comme à Roquefort le salage à froid pour accroître la longévité des fromages.

Ils sont affinés en cave durant 20 à 30 jours.

• *Le saint-nectaire*

Louis XIV le mit à la mode.

Aucun document n'en atteste l'existence avant le XVIIIe siècle. Pourtant, son ancienneté remonte à des époques beaucoup plus lointaines ; il serait apparu vers le Ve ou VIe siècle.

Son aire d'appellation a été définie le 1er décembre 1955 par le tribunal d'Issoire et par décret du 29 décembre 1986.

Son terroir se situe sur les terrains volcaniques des monts Dore à une altitude de 750 à 1 200 mètres. Il est uniquement élaboré avec du lait provenant de la zone ainsi délimitée et fabriqué dans celle-ci.

Quinze litres de lait sont nécessaires pour obtenir un fromage de 1,7 kg. L'affinage se fait dans des caves naturelles, humides, creusées dans le tuf volcanique, sur des lits de paille de seigle.

Les fromages sont lavés deux ou trois fois à l'eau salée.

Le saint-nectaire est mûr après deux mois d'affinage.

Le saint-nectaire.

Il existe des variantes :

• le vachard : originaire des monts Dore, il pourrait être l'ancêtre du saint-nectaire auquel il ressemble, mais en plus rustique (même forme, même poids et même durée d'affinage) ;

• le murol : créé par Jules Beriaux, industriel fromager, c'est un petit saint-nectaire laitier pesant 450 g, percé d'un trou central et affiné durant six semaines.

LA CHARCUTERIE

« Monsieur » le cochon fut durant des siècles le fondement de la cuisine auvergnate. Dans chaque famille, on tuait au moins un ou deux cochons chaque année. Tuer le cochon était le prélude d'une belle fête à laquelle étaient invités la famille et les amis. La viande du porc était débitée et préparée selon un rituel immuable.

Notre habillé de soie se retrouve partout ou presque :

• dans le saindoux, qui est la matière grasse indispensable ;

• dans le lard gras ou maigre, les viandes et les dérivés (saucisses, boudins...), qui entrent dans la composition des, soupes, potées et de nombreuses spécialités.

Les « cochonnailles » d'Auvergne, célèbres dans toute la France et même au-delà, se distinguent des autres, car elles sentent bon le terroir des Arvernes.

Ci-contre : plateau de cochonnailles. Page suivante : le jambon d'Auvergne.

La soupe aux marrons.

La soupe au potiron.

Les soupes

La soupe, élément essentiel de la cuisine paysanne, variait au rythme des saisons selon les ressources du potager, du saloir et des cueillettes.

SOUPE AUX MARRONS

Pour 6 personnes

Temps de cuisson ☞ 1 h

- *500 g de marrons épluchés*
- *2 pommes de terre moyennes*
- *3 carottes*
- *2 poireaux*
- *1 branche de céleri*
- *100 g de poitrine de porc*
- *1 dl de crème fraîche*
- *1 œuf*
- *2 feuilles de laurier*
- *sel, poivre*
- *croûtons de pain de campagne*

Eplucher les légumes et les couper en dés. Porter deux litres d'eau à ébullition et y plonger les légumes, les marrons et la poitrine de porc. Aromatiser et assaisonner. Laisser mijoter une heure. Retirer la poitrine et mixer le potage. Lier avec la crème fraîche et le jaune d'œuf après les avoir dilués ensemble. Déposer les croûtons grillés dans la soupière et verser le potage dessus.

Vin conseillé ➡ vin rouge ou rosé de pays.

AIGO BOUILLIDO

Pour 4 personnes

Temps de cuisson ☞ 20 min

« L'aigo buillido sucuro la vide » (l'eau bouillie sauve la vie).

Ce vieil adage est certainement illustré par les vertus attribuées dès la plus haute Antiquité à l'ail, plante sacrée en Egypte, où il était considéré comme un remède souverain. L'on donnait une gousse d'ail tous les matins aux constructeurs de pyramides pour les fortifier.

- *10 gousses d'ail d'Auvergne*
- *4 feuilles de laurier*
- *2 clous de girofle*
- *4 œufs*
- *tranches de pain rassis*
- *huile d'olive*
- *sel, poivre*

Eplucher les gousses d'ail, verser un litre d'eau dans un faitout, mettre les gousses d'ail, les feuilles de laurier, les clous de girofle, saler et poivrer.

Laisser cuire un quart d'heure, pocher les œufs dans le bouillon. Répartir les tranches de pain dans les assiettes, placer un œuf dessus, mouiller avec le bouillon et arroser avec de l'huile d'olive.

Vin conseillé ➡ vin rouge ou rosé de pays.

SOUPE AU POTIRON

Pour 4 personnes

Temps de cuisson ☞ 45 min

- *1 kg de potiron*
- *4 belles pommes de terre*
- *4 cuillères à soupe de crème fraîche*
- *60 g de beurre*
- *3 tranches de pain de mie*
- *sel et poivre*

Eplucher et enlever les graines du potiron ; le couper en morceaux. Peler les pommes de terre et les débiter en rondelles. Porter à ébullition un litre d'eau salée et poivrée, y plonger les légumes.

Diviser les tranches de pain de mie en croûtons et les dorer au beurre.

Mixer le potage, ajouter la crème fraîche. Réchauffer et présenter en soupière accompagné des croûtons.

La soupe au potiron.

Vous pouvez remplacer l'eau par du lait pour la cuisson des légumes ; diminuer alors la quantité de crème fraîche.

Vin conseillé ➡ vin rouge ou rosé de pays.

SOUPE AU CHOU
Pour 6 personnes

Temps de cuisson ☞ 2 h

- *600 g de petit salé*
- *1 saucisson sec de pays*
- *1 crosse de jambon*
- *1 gros chou*
- *6 carottes*
- *12 pommes de terre*
- *2 poireaux*
- *2 oignons piqué chacun d'un clou de girofle*
- *1 bouquet garni*
- *1 cuillère à soupe de saindoux*
- *tranches très fines de pain de campagne*
- *sel, poivre*

Faire dessaler la veille les viandes.

Mettre dans une marmite le petit salé, le jambon et les oignons. Ajouter deux litres d'eau, porter à ébullition, couvrir et laisser cuire doucement dix minutes.

Eplucher les légumes. Retirer les parties dures du chou et le faire blanchir six minutes à l'eau bouillante.

Mettre le chou (après l'avoir bien égoutté) dans la marmite ainsi que les carottes, le bouquet garni et la cuillère de saindoux.

Poursuivre la cuisson à feu doux durant une heure.

Adjoindre le saucisson, les poireaux et les pommes de terre et laisser mijoter pendant quarante-cinq minutes.

Vérifier l'assaisonnement.

Placer les tranches de pain dans la soupière, verser le bouillon dessus sans le filtrer et présenter à part les viandes et les légumes.

Vin conseillé ➡ côtes d'Auvergne.

SOUPE AU CANTAL
Pour 6 personnes

Temps de cuisson ☞ 1 h 10

- *300 g de cantal frais*
- *200 g de pain de campagne ou pain de seigle*
- *6 oignons*
- *1 cuillère à soupe de saindoux*
- *sel, poivre*

Faire revenir dans une marmite avec le saindoux les oignons après les avoir épluchés et ciselés. Verser sur les oignons un litre et demi d'eau

La soupe au cantal.

bouillante, ou mieux de bouillon. Porter à ébullition et laisser cuire doucement trente minutes.

Tailler le pain et le fromage en tranches très fines.

Déposer dans une cocotte, jusqu'aux deux tiers de sa hauteur, le pain et le fromage en couches successives ; couvrir avec le bouillon et les oignons.

Fermer la cocotte et introduire dans le four préchauffé (thermostat 5) durant trente minutes.

La cuisson dans le four doit se faire très lentement pour que le pain absorbe bien le bouillon. Pour que cette soupe reste dans la tradition, le liquide doit être évaporé.

Vin conseillé ➡ vin rouge ou rosé de pays.

SOUPE AU BLEU D'AUVERGNE

Pour 6 personnes

Temps de cuisson ☞ 50 min

- *1 kg de pommes de terre*
- *225 g de bleu d'Auvergne*
- *fines tranches de pain de campagne rassis*
- *75 cl de lait*
- *60 g de beurre*
- *sel, poivre noir*

Verser un litre et demi d'eau et le lait dans un faitout ; porter à ébullition.

Eplucher, laver et couper en rondelles les pommes de terre. Lorsque le liquide bout, plonger les pommes de terre. Saler légèrement et laisser cuire doucement.

Disposer en alternance dans une soupière les tranches de pain, du fromage émietté et des copeaux de beurre.

Verser délicatement la soupe dans la soupière et poivrer généreusement. Couvrir, laisser reposer trois à quatre minutes et servir aussitôt.

Vin conseillé ➡ vin rouge de pays ou vin blanc moelleux.

OULADE

Pour 6 personnes

Temps de cuisson ☞ 2 h

- *1 jarret de porc*
- *2 poireaux*
- *2 oignons*
- *1 céleri-rave*
- *1 petit chou*
- *4 pommes de terre*
- *gros sel, poivre*
- *1 cuillère à soupe de saindoux*
- *tranches de pain de campagne*

Eplucher les légumes et les couper en morceaux. Découper le jarret en dés. Faire revenir dans le saindoux les légumes, le jarret et les oignons émincés. Ne pas laisser se colorer.

Mettre tous les ingrédients sauf le chou dans une marmite contenant deux litres et demi d'eau. Faire cuire à petit feu deux heures. Une demi-heure avant la fin de la cuisson, ajouter le chou coupé en lanières.

Pour que l'oulade soit réussie, le bouillon doit rester bien blanc.

Cette soupe était jadis cuite dans une marmite en cuivre étamé : l'oule ; d'où son nom.

Vin conseillé ➡ vin rouge ou rosé de pays.

Salade de lentilles vertes.

Les salades

Vins conseillés pour ce chapitre : vin rouge ou rosé de pays légers et fruités pour l'ensemble des salades ; vin blanc moelleux pour les salades à base de bleu d'Auvergne ; VDQS locaux pour les salades à base de légumes secs.

SALADE DE PISSENLITS AU LARD

Pour 6 personnes

Temps de cuisson ☞ 5 à 6 min

- *350 g de pissenlits*
- *150 g de lard maigre demi-sel*
- *1 gousse d'ail*
- *4 cuillères à soupe de vinaigre*
- *2 cuillères à soupe d'huile d'olive*
- *sel, poivre*

Trier et bien laver les pissenlits, les égoutter. Les mettre dans un grand saladier. Chauffer légèrement l'huile dans une poêle et y faire dorer le lard coupé en dés.

Lorsque les lardons sont grillés, les verser très chauds avec leur jus sur les pissenlits. Déglacer la poêle avec le vinaigre. Ajouter ce vinaigre encore chaud sur la salade.

Saler très légèrement, poivrer, mélanger et servir aussitôt.

SALADE D'HIVER

Pour 6 personnes

- *3 endives*
- *3 pommes reinettes*
- *1 betterave rouge crue*
- *6 cerneaux de noix*
- *3 cuillères à soupe d'huile de noix*
- *1 cuillère à soupe de vinaigre de vin*
- *sel, poivre*
- *jus de citron*

Laver et effeuiller les endives.

Eplucher et détailler en tranches fines les pommes et la betterave (si vous souhaitez que les pommes ne noircissent pas, les arroser de jus de citron).

Mêler les endives, les pommes et la betterave dans un saladier.

Préparer la vinaigrette, la répartir sur la salade, bien remuer.

Décorer la salade avec les cerneaux de noix et des tranches de betterave.

SALADE AUVERGNATE

Pour 6 personnes

Temps de cuisson ☞ 25 min pour les lentilles
2 h pour le pied de veau

- *400 g de lentilles vertes du Puy*
- *1 pied de veau*
- *1 oignon*
- *1 gousse d'ail*
- *1 carotte*
- *1 bouquet garni*
- *1 cuillère à soupe de farine*
- *1 citron*

Pour la sauce :

- *8 cl de mayonnaise*
- *1 cuillère à soupe d'huile de noix*
- *8 cl de crème fraîche*
- *30 g de bleu d'Auvergne*
- *sel, poivre*
- *feuilles de chou*

Rincer et égoutter les lentilles, les mettre dans un faitout et les couvrir d'eau froide. Ajouter l'oignon, la carotte, l'ail et le bouquet garni. Laisser cuire doucement.

Blanchir le pied de veau « au blanc » (eau citronnée additionnée d'un peu de farine). Ajouter les lentilles, détailler le pied de veau en cube. Mêler les lentilles et le pied de veau.

Préparer le sauce en amalgamant les éléments indiqués.

Dresser la salade sur les feuilles de chou, disposer la sauce autour du mélange lentilles-pied de veau.

Salade d'hiver.

SALADE AU FROMAGE DE CANTAL JEUNE

Pour 6 personnes

- *1 scarole*
- *1 cœur de laitue de Trévise*
- *150 g de fromage de Cantal jeune*
- *quelques brins de ciboulette*
- *quelques cerneaux de noix*
- *3 cuillères à soupe d'huile de tournesol*
- *1 cuillère à soupe d'huile de noix*
- *1 cuillère à soupe de vinaigre*
- *sel et poivre*

Parer, laver et égoutter la salade. Détailler le fromage en petits cubes. Mélanger les salades dans le saladier, les assaisonner, bien remuer.

Réserver quelques petits dés de fromage pour la décoration et saupoudrer avec de la ciboulette coupée en petits morceaux.

Servir aussitôt.

SALADE FRISÉE AU BLEU D'AUVERGNE

Pour 6 personnes

- *1 salade frisée*
- *100 g de bleu d'Auvergne*
- *2 cuillères à soupe de crème fraîche*
- *1 citron*
- *2 cuillères à soupe d'huile de noix*
- *sel et poivre*

Nettoyer la salade, l'essorer, détailler les feuilles, les essorer.

Ecraser le bleu d'Auvergne avec une fourchette dans un saladier. Amalgamer le fromage avec le citron, l'huile de noix, la crème fraîche.

Assaisonner et mélanger la salade.

SALADES À BASE DE LENTILLES VERTES DU PUY

Plante de la famille des papilionacés, la lentille était cultivée depuis l'antiquité la plus reculée sur les pourtours méditerranéens et sur les sols sablonneux de l'Orient.

Arrivée dans nos régions il y a quelque deux mille ans, cette légumineuse fut l'objet de soins attentifs.

Des générations d'agriculteurs et le micro-climat des hauts plateaux volcaniques de sa zone de production ont fait de la lentilles du Puy le premier légume sec classé AOC.

C'est en août 1996 que notre lentille a fait son entrée dans la cour des grands ; elle doit cette distinction à la finesse de sa peau, à sa délicate saveur et à sa jolie couleur verte qui la différencie de ses cousines.

Temps de cuisson ☞ 25 min

Laver les lentilles, les mettre dans une casserole et les couvrir avec trois fois leur volume d'eau salée. Cuire à feu moyen et à couvert. Il est inutile de faire tremper ces lentilles.

SALADE DE LENTILLES VERTES DU PUY AU CANTAL

Pour 6 personnes

Temps de cuisson ☞ 25 min

- *400 g de lentilles*
- *150 g de cantal entre-deux*
- *150 g de lard maigre fumé*
- *8 cerneaux de noix*
- *4 échalotes*
- *5 cuillères à soupe d'huile de noix*
- *5 cl de vin blanc sec*
- *1 cuillère à soupe de moutarde forte*
- *sel, poivre*

Salade de lentilles vertes du Puy au cantal.

Faire cuire les lentilles et les égoutter. Couper le lard fumé en dés et les faire dorer sans apport de matière grasse. Eplucher et hacher les échalotes.

Préparer la sauce vinaigrette en mélangeant la moutarde, l'huile, le vin blanc, les échalotes, le sel et le poivre.

Assaisonner les lentilles.

Couper le cantal en petits cubes et les ajouter, avec les lardonsc à la salade.

Décorer avec les cerneaux de noix et des copeaux de fromage.

SALADE DE LENTILLES VERTES AU LARD ET AU JAMBON

Pour 6 personnes

Temps de cuisson ☞ 25 min

- *400 g de lentilles vertes du Puy*
- *120 g de lard maigre fumé*
- *120 g de jambon d'Auvergne*
- *1 échalote*
- *1 petit oignon*
- *1 bouquet garni*
- *3 cuillères à soupe d'huile de noix*
- *3 cuillères à soupe d'huile d'olive*
- *2 cuillères à soupe de vinaigre de vin*
- *sel, poivre*

Faire cuire les lentilles suivant les indications ci-dessus, en ajoutant un bouquet garni.

Egoutter les lentilles et les laisser refroidir. Détailler en dés le lard maigre et le jambon. Faire revenir les lardons à la poêle. Eplucher l'oignon et l'échalote ; les hacher.

Préparer la vinaigrette en mêlant : les huiles, le vinaigre, l'oignon, l'échalote, le sel et le poivre.

Mettre les lentilles dans un saladier, verser dessus la vinaigrette, bien remuer. Incorporer les lardons et les dés de jambon.

Ingrédients pour la préparation de la salade de lentilles vertes au lard et au jambon.

Beignets de courgettes.

Chou farci.

Les légumes

BEIGNETS DE COURGETTES

Pour 4 personnes

Temps de cuisson ☞ 20 min pour les courgettes
5 à 6 min pour les beignets

- *1,5 kg de courgettes*
- *4 cuillères à soupe de farine*
- *2 œufs*
- *sel, poivre*
- *huile pour friture*

Eplucher et enlever les graines des courgettes. Les plonger et les faire cuire dans de l'eau bouillante salée. En fin de cuisson, la pulpe des courgettes doit rester ferme. Les écraser dans une passoire avec une fourchette. Les laisser bien s'égoutter.

Mettre les courgettes dans un plat creux, les mélanger avec les œufs battus et incorporer la farine. Saler et poivrer.

Faire chauffer l'huile dans une poêle ; quand elle est chaude, déposer l'appareil par cuillerées dans la friture.

Les retourner pour que les beignets se dorent sur tous leurs côtés.

Retirer les beignets et les placer sur du papier absorbant.

Ces beignets peuvent accompagner une viande blanche ou une volaille rôtie. Accompagnés d'une sauce tomate, ils sont un plat complet.

PETITS POIS AUX CAROTTES ET AU JAMBON

Pour 6 personnes

Temps de cuisson ☞ 30 à 35 min

- *1 kg de petits pois écossés*
- *500 g de carottes*
- *12 petits oignons*
- *1 tranche épaisse de jambon d'environ 150 g*
- *3 cœurs de laitue*
- *50 g de beurre*
- *sel, poivre*

Couper le jambon en dés, le faire revenir au beurre dans une casserole.

Eplucher les oignons, les carottes, les laver ainsi que les cœurs de laitue.

Ajouter les oignons et les carottes ; lorsqu'ils sont dorés, ajouter les petits pois. Mouiller avec de l'eau jusqu'à la hauteur des légumes.

Partager les cœurs de laitue et les ajouter au ragoût.

Couvrir et laisser cuire doucement après avoir salé et poivré.

CANTAMERLOU (CHANT DU MERLE)

Pour 6 personnes

Temps de cuisson ☞ 30 min

- *1 kg de pommes de terre*
- *1 bol de lait caillé*
- *75 g de lard gras*
- *sel, poivre*

Eplucher, laver et émincer les pommes de terre.

Découper finement le lard et le faire fondre dans la poêle à feu moyen. Cuire doucement les pommes de terre assaisonnées dans la poêle. Ajouter le lait caillé, bien l'incorporer. Poursuivre la cuisson en évitant l'ébullition.

Dorer le cantamerlou sur les deux faces.

Le grésillement particulier de cette préparation dans la poêle évoque le chant du merle, d'où le nom de la recette.

Petits pois aux carottes et au jambon.

Chou aux marrons à l'auvergnate.

CHOU AUX MARRONS À L'AUVERGNATE

Pour 6 personnes

Temps de cuisson ☞ 40 min

- *1 petit chou*
- *600 g de marrons sous vide*
- *6 tranches de lard maigre demi-sel*
- *25 cl de bouillon*
- *3 baies de genièvre*
- *sel, poivre*

Oter les grandes feuilles et les parties dures du chou. Effeuiller et laver les feuilles de chou. Les faire blanchir quatre minutes après les premiers bouillons. Ranger dans une cocotte le chou, le lard, les marrons.

Répartir les baies de genièvre, saler et poivrer. Mouiller avec le bouillon.

Couvrir et introduire dans le four préchauffé (thermostat 6).

FARINADE
Pour 4 personnes

Temps de cuisson ☞ 20 min

- 750 g de pommes de terre
- 1 cuillère à soupe de farine
- 2 œufs
- 2 dl de crème double
- 40 g de beurre
- sel, poivre

Râper les pommes de terre après les avoir épluchées. Les égoutter.

Amalgamer ces pommes de terre avec la farine, les œufs entiers et dilués avec la crème. Assaisonner.

Chauffer le beurre dans une grande poêle. Quand il mousse, répartir la pâte.

Faire cuire des deux côtés jusqu'à obtenir une sorte de crêpe très épaisse.

CHOU FARCI
Pour 6 personnes

Temps de cuisson ☞ 1 h 20

- 1 gros chou vert
- 750 g de viande de bœuf de pot-au-feu cuite
- 400 g d'échine de porc frais
- 3 oignons
- 1 gousse d'ail
- 1 bouquet de persil
- 1 branche de thym
- 2 œufs
- 1 crépine
- sel, poivre

Pour le jus de cuisson :

- 2 dl de bouillon de pot-au-feu
- 3 carottes
- 2 oignons
- 40 g de beurre

Oter les grosses feuilles et les parties dures du chou. Le faire blanchir dix minutes à l'eau bouillante ; l'égoutter et le rafraîchir à l'eau froide (le retourner pour qu'il ne garde pas l'eau).

Mixer les viandes, les oignons, l'ail et le persil. Amalgamer avec les œufs, ajouter le thym effeuillé, saler et poivrer.

Ouvrir le chou, retirer le centre sans détacher les feuilles extérieures. Poser les feuilles extérieures sur un linge et reconstituer le chou en alternant feuille et farce.

Etaler la crépine, y déposer le chou et l'enserrer dans cette enveloppe.

Chauffer le beurre dans une cocotte et faire revenir les oignons et les carottes pelés et émincés, mouiller avec le bouillon.

Déposer le chou et introduire la cocotte dans le four préchauffé (thermostat 7). A mi-cuisson, baisser le thermostat à 6.

Vin conseillé ➡ saint-pourçain rouge.

Recettes à base de pommes de terre

Les pommes de terre l'emportent sur tous les autres légumes en galettes, en tourtes, au four, au lard, à la crème, aux fines herbes, avec de l'ail, des oignons, du bouillon, farcies, en cantamerlou, etc. Elles illustrent l'originalité et l'ingéniosité de la cuisine du pays d'Auvergne.

Vins conseillés pour l'ensemble des recettes à base de pommes de terre : vins régionaux ; côtes d'Auvergne, côtes d'Auvergne-Corent.

Chou farci et pommes de terre farcies.

POMMES DE TERRE À L'AUVERGNATE

Pour 6 personnes

Temps de cuisson ☞ 35 min

- 1,2 kg de pommes de terre
- 6 tranches fines de lard demi-sel maigre
- 2 dl de bouillon
- 4 gousses d'ail
- 80 g de beurre
- 1 dl d'huile
- sel, poivre

Eplucher et laver les pommes de terre ; les couper en rondelles fines. Peler les gousses d'ail et les émincer finement.

Dans un plat allant au four, disposer une couche de pommes de terre, les parsemer d'ail et de copeaux de beurre, saler, poivrer et huiler.

Recommencer et terminer par les tranches de lard. Verser dessus le bouillon.

Porter à ébullition sur le feu et terminer la cuisson dans le four préchauffé (thermostat 7).

POMMES DE TERRE FARCIES

Pour 4 personnes

Temps de cuisson ☞ 45 min

- 8 pommes de terre moyennes
- 150 g de lard de poitrine
- 3 cuillères à soupe de farine
- 1 œuf
- lait
- 1 oignon
- 2 gousses d'ail
- quelques brins de persil
- 2 cuillères à soupe d'huile
- 30 g de beurre
- sel, poivre

Préparer la farce : hacher le lard, l'oignon, l'ail et le persil, les mélanger avec l'œuf et la farine, bien remuer, délayer avec du lait (l'appareil doit être assez épais), saler et poivrer.

Eplucher les pommes de terre, couper une rondelle de pomme de terre de manière à former un couvercle. Evider les pommes de terre, les saler.

Remplir l'évidement avec la farce, couvrir avec la tranche de pomme de terre.

Faire chauffer l'huile et le beurre dans une cocotte et disposer les pommes de terre.

Saisir les pommes de terre à feu vif, poser le couvercle sur la cocotte, baisser le feu et poursuivre la cuisson. Retourner en cours de cuisson.

Si vous craignez de blesser les pommes de terre en les retournant, il est possible de les passer quelques minutes sous le gril du four.

POMMES DE TERRE AU FOUR

Pour 4 personnes

Temps de cuisson ☞ 45 min

- *750 g de pommes de terre*
- *6 tranches de ventrèche*
- *100 g de lard gras (coupé en dès)*
- *3 gousses d'ail*
- *2 feuilles de laurier*
- *30 g de beurre*
- *1 cuillère à soupe d'huile*
- *sel, poivre*

Eplucher, laver et couper en rondelles les pommes de terre.

Peler et émincer les gousses d'ail.

Pommes de terre au four.

Beurrer un plat allant au four, y déposer les pommes de terre, l'ail et les feuilles de laurier découpées, saler peu mais poivrer généreusement. Bien remuer.

Mettre l'huile dans un poêlon et dorer les cubes de lard gras, les répartir sur les pommes de terre ainsi que le jus de cuisson.

Mouiller jusqu'à hauteur avec de l'eau bouillante.

Placer sur les pommes de terre les tranches de ventrèche, introduire le plat dans le four préchauffé (thermostat 7) durant quarante-cinq minutes.

Ce plat doit être bien doré sur toute sa surface.

Cèpes.

Les champignons

Au printemps, en automne et parfois au cours de l'été, souvent après une bonne averse, on voit éclore les champignons.

Quel plaisir de découvrir dans la mousse, au pied des vieilles souches, sous les aiguilles de pins, le long des haies, ces saveurs exquises que nous donne avec générosité Dame Nature ou la Providence.

Après le plaisir des cueillettes viennent les plaisirs de la table.

Quelques recettes pour savourer les richesses de nos forêts.

Les mousserons

Au printemps, d'avril à juin, ces petits champignons dessinent des cercles dans les prés. En automne, on les rencontre sur les souches de divers feuillus. Ils se récoltent jusqu'aux gelées.

Les mousserons enrichiront et parfumeront beaucoup de sauces et de nombreux plats de viandes : la rouelle de veau aux mousserons par exemple (voir recette page 51).

Ces petits champignons, dont seul le chapeau est comestible (la queue est dure et ligneuse), sèchent très vite et leurs arômes résistent parfaitement à ce mode de conservation.

VELOUTÉ AUX MOUSSERONS

Pour 6 personnes

Temps de cuisson ☞ 30 min

- *250 g de mousserons*
- *2 cuillères à soupe de crème fraîche*
- *2 jaunes d'œufs*
- *2 cuillères à soupe de fécule de pomme de terre*
- *20 g de beurre*
- *sel et poivre*

Laver les mousserons. Les équeuter (ne conserver que les chapeaux). Faire fondre le beurre dans un faitout et y laisser suer les champignons dix minutes. Mettre en réserve quelques chapeaux.

Ajouter la fécule, bien remuer et mouiller petit à petit avec un litre et demi d'eau.

Quand le potage arrive à ébullition, baisser le feu, couvrir, et laisser cuire quinze minutes.

Mixer, assaisonner, mélanger dans un bol les œufs et la crème fraîche et en lier le potage hors du feu.

Mettre dans le fond de la soupière les champignons réservés, et verser le velouté dessus.

Vous pouvez accompagner ce velouté de petits carrés de pain de mie frits au beurre.

OMELETTE AUX MOUSSERONS

Pour 6 personnes

Temps de cuisson ☞ 30 min pour les champignons ;
5 à 6 min pour l'omelette

- *8 œufs*
- *350 g de mousserons*
- *1 tranche de jambon de pays*
- *1 pointe d'ail*
- *1 petit bouquet de persil*
- *2 cuillères à soupe d'huile d'arachide*
- *sel et poivre*

Laver et équeuter les mousserons, les égoutter et les faire dorer dans une poêle avec une cuillère à soupe d'huile.

Quand ils sont à point, ajouter le jambon coupé en tout petits dés ainsi que l'ail et le persil finement hachés. Mêler le tout intimement.

Velouté aux mousserons.

Omelette aux mousserons.

Dans une poêle à fond antiadhésif, chauffer une cuillère à soupe d'huile ; déposer le mélange, verser les œufs battus, salés et poivrés sur les champignons. Dès que l'omelette est prise, la ployer sur le plat de service.

Vous pouvez remplacer les mousserons par des girolles, des rosés des prés, etc. ; et, pourquoi pas, par des champignons de Paris.

Vin conseillé ➡ côtes d'Auvergne-Châteaugay.

Les rosés des prés

Ces jolis champignons délicatement rosés, à l'odeur légèrement anisée, s'accommodent comme les champignons de Paris. Communs dans les prés pâturés, ils se récoltent au printemps mais sont plus abondants en automne. On les rencontre jusqu'aux premiers frimas.

CRÈME AUX ROSÉS DES PRÉS

Pour 6 personnes

Temps de cuisson ☞ 30 min

- *250 g de rosés des prés*
- *1/2 l de lait*
- *1 l de bouillon de volaille*
- *2 œufs*
- *3 cuillères à soupe de tapioca*
- *1 cuillère à soupe de crème fraîche*
- *sel et poivre*

Retirer les parties terreuses des champignons, les laver, les éponger et les couper en lamelles.

Faire fondre le beurre dans un faitout, déposer les champignons et les laisser suer dix minutes. Ajouter le bouillon, saler, poivrer et poursuivre la cuisson dix minutes.

Verser en pluie le tapioca, remuer et laisser frémir cinq minutes.

Ajouter le lait petit à petit et continuer la cuisson cinq à six minutes.

La cuisson terminée, lier la crème hors du feu avec les jaunes d'œufs mélangés à la crème fraîche.

Servir tout de suite en soupière.

Rosés des prés.

ROSÉS DES PRÉS PERSILLÉS

Pour 6 personnes

Temps de cuisson ☞ 30 min

- *1,5 kg de rosés des prés*
- *2 gousses d'ail*
- *10 brins de persil*
- *1 tranche de jambon de montagne épaisse*
- *sel et poivre*
- *2 cuillères à soupe d'huile*

Faire dorer les champignons dans l'huile chaude durant vingt-cinq minutes après les avoir parés.

Hacher ensemble l'ail, le persil et le jambon. Assaisonner les champignons, ajouter le hachis et poursuivre la cuisson cinq minutes.

Ces champignons s'harmonisent avec toutes les viandes grillées rôties.

Vin conseillé ➡ côtes d'Auvergne-Corent.

Cèpes en fricassée.

LES CÈPES

Les cèpes poussent dans les bois de feuillus clairs ou sur les talus des chemins boisés.

Préparation : enlever les parties terreuses, les frotter méticuleusement avec un torchon doux ou du papier absorbant. Les cèpes ne doivent jamais être lavés.

Séparer les queues et les chapeaux ; si les champignons sont gros, les couper en tranches épaisses et émincer les queues.

CÈPES EN FRICASSÉE
Pour 6 personnes

Temps de cuisson ☞ 1 h

- *1 kg de cèpes*
- *750 g de pommes de terre*
- *tranches de pain de seigle ou de méteil*
- *2 gousses d'ail*
- *10 brins de persil*
- *2 cuillères à soupe de saindoux*
- *sel et poivre*

Nettoyer les cèpes, essuyer les chapeaux et éplucher les queues, les émincer.

Dans une cocotte, faire revenir vivement les cèpes avec le saindoux durant cinq minutes en remuant souvent. Couvrir, baisser le feu et faire cuire doucement vingt-cinq minutes.

Eplucher et détailler en dés les pommes de terre. Ajouter les pommes de terre aux champignons ainsi que l'ail et le persil hachés, saler et poivrer, bien mélanger.

Recouvrir complètement le dessus de la cocotte avec de fines tranches de pain.

Couvrir et poursuivre la cuisson trente minutes encore.

Vin conseillé ➡ côtes d'Auvergne-Madargues ; autres bons accords : bordeaux rouges, côtes du Rhône rouge.

CÈPES À LA CRÈME

Pour 6 personnes

Temps de cuisson ☞ 35 min

- *1 kg de cèpes*
- *15 cl de crème fraîche*
- *4 œufs*
- *60 g de beurre*
- *2 échalotes*
- *1 gousse d'ail*
- *1 petit bouquet de persil*
- *sel, poivre*

Parer les cèpes et les couper. Chauffer le beurre dans une poêle. Y mettre les cèpes quand le beurre mousse.

Eplucher les échalotes et l'ail, les hacher avec le persil.

Quand les cèpes sont dorés, les saupoudrer avec le hachis, saler et poivrer.

Baisser le feu, amalgamer les quatre jaunes d'œufs et la crème fraîche, verser ce mélange sur les champignons.

Bien remuer hors du feu, décorer avec quelques brins de persil.

Réchauffer si nécessaire (sans laisser bouillir) et servir aussitôt.

Vin conseillé ➡ bordeaux graves rouges.

Cèpes à la crème.

LES MORILLES

Les morilles apparaissent au printemps, de préférence sur un terrain calcaire, dans les haies embroussaillées, dans les herbes des vergers abandonnés ou à l'orée des bois de feuillus clairs.

Le mode de conservation le plus facile des morilles est le séchage : elles sèchent très rapidement en gardant leurs arômes.

Morille.

OMELETTE AUX MORILLES

Pour 6 personnes

Temps de cuisson ☞ 25 min

- *350 g de morilles*
- *2 cuillères à soupe d'huile d'arachide*
- *1 cuillère à soupe de crème fraîche*
- *1 tranche épaisse de jambon de pays*
- *8 œufs*
- *sel et poivre*

Bien nettoyer les morilles, surtout les alvéoles, les laver, les éponger, les couper dans le sens de la longueur, les faire cuire dans une poêle avec un filet d'huile.

Pendant ce temps, casser cinq œufs entiers dans une jatte, ajouter les trois jaunes restants et déposer les blancs dans un bol. Les monter en neige ferme.

Quand les morilles commencent à dorer, ajouter le jambon en petits cubes (en réserver quelques-uns pour la décoration) et laisser mijoter trois minutes.

Dans une poêle à fond antiadhésif, mettre l'huile d'arachide. Quand elle est chaude, verser les jaunes d'œufs salés et poivrés. Trente secondes après, y déposer les morilles et le jambon, étaler la crème fraîche, puis les blancs d'œufs. Pour mieux saisir les blancs et éviter que les jaunes ne durcissent, mettre la poêle sous le gril du four pendant deux minutes.

Ployer l'omelette sur le plat de service et décorer avec les cubes de jambon et le persil haché. Servir aussitôt.

Vin conseillé ➡ médoc.

MORILLES À LA CRÈME
Pour 6 personnes

Temps de cuisson ☞ 35 min

- *1 kg de morilles*
- *30 cl de crème fraîche*
- *60 g de beurre*
- *2 échalotes*
- *1 gousse d'ail*
- *1 petit bouquet de persil*
- *sel, poivre*

Parer les morilles et les escaloper.

Chauffer le beurre dans une poêle. Mettre les morilles dans la poêle quand le beurre mousse.

Eplucher les échalotes et l'ail, les hacher avec le persil.

Quand les morilles sont dorées, les saupoudrer avec le hachis, saler et poivrer.

Morilles à la crème.

Baisser le feu, verser la crème fraîche sur les champignons.

Bien remuer hors du feu, décorer avec quelques brins de persil.

Réchauffer si nécessaire (sans laisser bouillir) et servir aussitôt. Présenter avec ou sur des toasts frits au beurre.

Vin conseillé ➡ bordeaux rouges.

***

Je ne puis hélas citer tous les champignons…

Si votre récolte est hétéroclite, pieds de mouton, lactaires délicieux, coulemelles, pholiotes du peuplier, etc., n'hésitez pas à réaliser un délicieux sauté de champignons.

SAUTÉ DE CHAMPIGNONS

Pour 4 à 6 personnes

Temps de cuisson ☞ 30 min

- *1 kg de champignons variés*
- *75 g de graisse d'oie ou de saindoux*
- *1 gousse d'ail*
- *2 échalotes*
- *persil*
- *sel, poivre*

Laver et nettoyer les champignons.

Chauffer dans la poêle la matière grasse choisie. Mettre les champignons, les cuire à feu modéré et les retourner.

Dix minutes avant la fin de la cuisson, saupoudrer avec le persil, l'ail et les échalotes épluchés et hachés. Saler et poivrer.

Vin conseillé ➡ côtes d'Auvergne-Châteaugay.

Page suivante : sauté de champignons.

Truffade.

Plats à base de tome (ou tomme) fraîche de Cantal

ALIGOT

Pour 6 personnes

Temps de cuisson ☞ 20 min pour les pommes de terre
indéterminable pour l'aligot

- *1 kg de pommes de terre*
- *100 g de beurre*
- *250 g de crème fraîche*
- *400 g de tome fraîche*
- *sel et poivre*
- *ail (facultatif)*

L'aligot file depuis le Moyen Age. Lorsque les pèlerins se rendaient à Saint-Jacques-de-Compostelle, les moines servaient un plat à base de mie de pain et de fromage pour les réconforter : l'aliquid, qui devint au fil de l'évolution du langage aliquot puis aligot.

C'est au XIXe siècle que la pomme de terre a remplacé le pain dans l'aligot.

Préparer une purée avec les pommes de terre. Ajouter à cette purée le beurre et la crème fraîche. Assaisonner avec le sel, le poivre et, éventuellement, l'ail.

Réchauffer la purée.

Ajouter la tome fraîche coupée en lamelles, et remuer fortement avec une spatule en bois. Quand le mélange est filant, l'aligot est cuit.

Attention : tenu trop longtemps sur le feu, le fil se casse.

La présence de l'ail dans l'aligot est un sujet de polémique chez ses adeptes.

Certains préfèrent ajouter une gousse d'ail dans l'eau de cuisson des pommes de terre pour parfumer légèrement.

L'écrivain Robert Sabatier, cofondateur de la Confrérie de l'aligot à Paris, estime, quant à lui, que l'ail doit mijoter avec la tome…

Vin conseillé ➡ vin rouge de Marcillac.

L'aligot.

La patranque.

PATRANQUE
Pour 6 personnes

Temps de cuisson ☞ 20 à 25 min

- *600 g de pain de campagne rassis*
- *600 g de tome du Cantal*
- *5 dl de lait*
- *3 à 4 gousses d'ail*
- *50 g de beurre*
- *sel, poivre*

Couper le pain en tranches et le mouiller avec le lait bouillant.

Laisser fondre le beurre dans une grande poêle et faire revenir le pain. Ajouter la tome coupée en lamelles et l'ail haché. Saler et poivrer.

Travailler vivement avec la spatule jusqu'à ce que « ça file ».

Vin conseillé ➡ côtes d'Auvergne.

La truffade.

TRUFFADE

Pour 6 personnes

Temps de cuisson ☞ 30 min

- *1 kg de pommes de terre*
- *250 g de tome fraîche*
- *125 g de lard maigre*
- *4 gousses d'ail*
- *1 cuillère de graisse d'oie ou de canard*
- *sel et poivre*

Eplucher, laver et débiter en rondelles les pommes de terre ; les éponger. Couper en dés le lard découenné.

Faire fondre la graisse dans une grande poêle et déposer les lardons ; deux minutes après, ajouter les pommes de terre, saler et poivrer.

Couvrir et laisser cuire quinze minutes en remuant souvent.

Parsemer avec l'ail haché menu et écraser les pommes de terre avec une fourchette. Poursuivre la cuisson cinq minutes.

Couper la tome en lamelles et la répartir dans la poêle, remuer et laisser dorer. Renverser sur le plat de service : la truffade doit ressembler à un gâteau doré.

Vin conseillé ➡ côtes d'Auvergne.

Boudin

Les omelettes

Vins conseillés pour l'ensemble des omelettes : les VDQS régionaux.

PACHADE OU FARINETTE

Pour 6 personnes

Temps de cuisson ☞ 10 min

« Omelette des pauvres », cette recette nous rappelle, dans sa rustique simplicité, combien on vivait chichement au tout début du XXe siècle.

De l'Allier au Puy-de-Dôme, il existe bien des différences dans la recette des farinettes. Ici elle se servent nature, là additionnées de viande hachée, ailleurs de fines herbes, de pruneaux, voire de pissenlits.

- *6 œufs*
- *6 cuillères à soupe de farine*
- *5 dl de lait*
- *50 g de beurre ou de saindoux*
- *1 filet d'huile*
- *sel et poivre ou sucre*

Battre les œufs et les amalgamer avec la farine et le lait. Assaisonner si vous souhaitez une préparation salée.

Chauffer la graisse choisie dans une grande poêle, verser la préparation. Laisser épaissir sans y toucher pour qu'elle « prenne » bien.

Pour retourner la farinette, il faut la lancer en l'air avec adresse pour la recevoir bien à plat dans la poêle.

Glisser une noix de beurre sous les bords et laisser dorer l'autre face. Servir la pachade à votre gré salée ou sucrée.

« Un peu de sang froid, une certaine habitude et la vachère la moins douée pour les sports, accomplit celui-ci comme un jeu ». S. Robaglia, *Maigaridou*.

OMELETTE BRAYAUDE

Première formule

Pour 4 personnes

Temps de cuisson ☞ 25 min

Le pittoresque vocable de « brayaude », qui caractérise certains plats auvergnats, vient de « braies ». Les braies étaient les pantalons des Gaulois ainsi que des Arvernes.

- *8 œufs*
- *400 g de jambon d'Auvergne*
- *2 pommes de terre*
- *200 g de cantal en lamelles*
- *3 cuillères à soupe de crème fraîche*
- *sel, poivre*

Laver les pommes de terre et les faire cuire en robe des champs (ajouter un peu de gros sel à l'eau de cuisson).

Prélever le gras du jambon qui servira à faire rissoler les pommes de terre.

Couper le jambon en dés et le faire revenir. Réserver le jambon.

Faire dorer les pommes de terre épluchées et coupées en dés avec le gras de jambon détaillé en petits morceaux.

Battre les œufs, poivrer et incorporer les dés de jambon aux œufs. Verser le mélange dans la poêle et réaliser une omelette plate.

Répartir les lamelles de fromage et glisser la poêle sous le gril du four trois ou quatre minutes. Arroser de crème fraîche au moment de servir.

Omelette brayaude, première formule.

OMELETTE BRAYAUDE

Deuxième formule

Pour 4 personnes

Temps de cuisson ☞ 30 min

- 8 œufs
- 400 g de jambon d'Auvergne
- 2 pommes de terre
- 125 g de cantal en lamelles
- 3 cuillères à soupe de crème fraîche
- 2 cuillères à soupe de saindoux
- sel, poivre

Eplucher, laver les pommes de terre et les couper en dés.

Chauffer le saindoux dans une poêle et saisir vivement les cubes de pommes de terre, puis baisser le feu.

Découper le jambon en dés et les adjoindre aux pommes de terre durant les dernières minutes de leur cuisson. Remuer délicatement.

Battre les œufs, saler très peu, poivrer et verser le tout dans la poêle. Quand l'omelette est dorée sur une face, la retourner pour dorer l'autre.

Faire glisser sur le plat de service, arroser avec la crème après avoir réparti le fromage coupé en lamelle.

OMELETTE D'AUBIÈRE

Pour 4 personnes

Temps de cuisson ☞ 6 à 7 min

- *8 œufs*
- *1 boudin*
- *une cuillère à soupe de crème fraîche*
- *1 cuillère à soupe d'huile*
- *sel, poivre*

Oter la peau du boudin et l'écraser avec une fourchette.

Séparer les blancs et les jaunes des œufs. Monter les blancs en neige ferme. Battre les jaunes en amalgamant le boudin et la crème fraîche.

Mêler les deux appareils.

Chauffer l'huile dans une poêle. Lorsque elle est très chaude, verser la préparation. Terminer la cuisson de l'omelette sous le gril du four.

OMELETTE DE SAINT-FLOUR

(Pour utiliser les reliefs de chou)

Pour 4 personnes

Temps de cuisson ☞ 30 min

- *8 œufs*
- *200 g de reste de chou*
- *100 g de jambon d'Auvergne*
- *100 g de cantal râpé*
- *40 g de beurre*
- *sel, poivre*

Découper le jambon en dés.

Faire fondre vingt grammes de beurre et faire étuver le chou et le jambon, saler (en tenant compte du jambon), poivrer.

Casser les œufs dans une terrine, les battre et bien mélanger avec le chou, le jambon et la moitié du fromage.

Chauffer le restant de beurre dans une poêle, verser l'appareil dans la poêle et dorer l'omelette sur les deux faces.

Dresser l'omelette sur le plat de service et la saupoudrer avec le reste du fromage.

Une délicieuse omelette au boudin : l'omelette d'Aubière.

Rissoles de Saint-Flour.

Galettes au bleu d'Auvergne.

LES TARTES, LES TOURTIÈRES, LES GALETTES ET LES AUTRES

Vins conseillés pour l'ensemble des recettes de ce chapitre : vins régionaux, vins rouges fruités.

RISSOLES DE SAINT-FLOUR

Pour 6 personnes

Temps de cuisson ☞ 6 à 7 min

- *1 abaisse de pâte brisée (voir recette en début de chapitre)*
- *100 g de fromage blanc*
- *150 g de cantal*
- *3 œufs*
- *1 bouquet de cerfeuil*
- *10 brins de ciboulette*
- *huile pour la friture*
- *sel, poivre*

Faire une pâte brisée. Emincer le cantal. Hacher finement le cerfeuil et la ciboulette. Amalgamer jusqu'à obtenir un mélange homogène le fromage blanc, le cantal et les herbes. Assaisonner.

Etendre la pâte au rouleau sur une épaisseur de 3 à 4 millimètres.

Découper des disques de dix centimètres de diamètre environ.

Disposer sur un demi-cercle de chacun des disques une cuillère à soupe de garniture.

Plier le disque de pâte de manière à former un chausson (bien appuyer sur les bords).

Laisser reposer trente minutes sur un plan fariné.

Chauffer l'huile et faire dorer les rissoles.

Les sécher avec du papier absorbant et les servir aussitôt.

PÂTE BRISÉE

Pour 1 abaisse de pâte brisée

- *250 g de farine*
- *125 g de beurre*
- *6 cl d'eau*
- *1 pincée de sel*

Couper le beurre en morceaux et le laisser ramollir.

Faire une fontaine avec la farine.

Amalgamer ces ingrédients en sablant avec les mains. Refaire la fontaine, ajouter l'eau et le sel.

Pétrir. (Cette pâte doit être ferme.) Fraiser la pâte une première fois et recommencer.

TARTE AU JEUNE CANTAL ET AU BLEU D'AUVERGNE

Pour 6 personnes

Temps de cuisson ☞ 30 min

- *1 abaisse de pâte brisée (voir recette en début de chapitre)*
- *100 g de fromage de Cantal jeune*
- *80 g de fromage de bleu d'Auvergne*
- *12 cl de crème fraîche épaisse*
- *12 cerneaux de noix*
- *30 g de beurre*
- *poivre*

Faire une pâte brisée.

Détailler le fromage de Cantal en copeaux.

Hacher six cerneaux de noix.

Mêler intimement le bleu d'Auvergne et la crème fraîche puis ajouter les cerneaux de noix hachés.

Beurrer généreusement un plat à tarte, foncer avec la pâte brisée.

Répartir les copeaux de fromage et étaler le mélange crème-bleu sur le cantal.

Introduire dans le four préchauffé (thermostat 7).

Dix minutes avant la fin de la cuisson, disposer les cerneaux de noix restants.

Tarte au jeune cantal et au bleu d'Auvergne.

Pâté aux pommes de terre.

PATÉ AUX POMMES DE TERRE OU TOURTE AUX POMMES DE TERRE

Pour 6 personnes

Temps de cuisson ☞ 40 min

- 2 abaisses de pâte brisée (voir recette en début de chapitre)
- 300 g de pommes de terre
- 200 g de poitrine fumée
- 1 œuf pour dorer
- 3 dl de crème fraîche
- sel, poivre

Découper la poitrine en dés et les dorer à la poêle.

Eplucher, laver et découper les pommes de terre en rondelles.

Beurrer une tourtière. Etaler au rouleau les deux tiers de la pâte.

Foncer le moule avec la pâte, disposer une couche de pommes de terre, les lardons et une autre couche de pommes de terre.

Saler et poivrer. Former un disque avec la pâte restante et couvrir les pommes de terre. Rabattre les bords sur le disque.

Dorer à l'œuf et pratiquer une petite cheminée.

Introduire la tourte dans le four préchauffé (thermostat 7).

Démouler délicatement, découper une partie du disque et disperser la crème fraîche puis replacer la partie découpée.

Il est possible d'ajouter à la garniture de la ciboulette hachée ou quelques rouelles d'oignon.

PÂTÉ AU CHOU

Pour 6 personnes

Temps de cuisson ☞ 1 h 15

- *1 chou frisé*
- *125 g de lard*
- *200 g de farine*
- *2 œufs*
- *3 dl de lait*
- *3 échalotes*
- *2 gousses d'ail*
- *1 petit de persil*
- *2 cuillères à soupe d'huile*
- *sel, poivre*

Débarrasser le chou de ses feuilles dures, le couper en quartiers et laver dans plusieurs eaux.

Le pâté au chou.

Plonger ces quartiers dans une marmite d'eau bouillante et les laisser blanchir cinq à six minutes après les premiers bouillons.

Egoutter le chou et le faire cuire trente minutes dans de l'eau salée.

Hacher ensemble : le lard, les échalotes, l'ail et le persil. Mélanger ce hachis avec les œufs battus ; incorporer la farine. Délayer avec le lait pour obtenir une pâte ayant la consistance d'une pâte à crêpe, saler et poivrer.

Verser l'huile dans un plat à tarte, introduire dans le four chaud (thermostat 7). Lorsque l'huile fume, répartir la moitié de la pâte, mettre dessus le chou grossièrement haché, recouvrir avec le reste de la pâte.

Réintroduire le plat dans le four chaud (thermostat 7) durant quarante-cinq minutes.

En fin de cuisson, le pâté de chou doit se présenter bien doré.

Il est possible de réchauffer le pâté de chou.

GALETTES AU BLEU D'AUVERGNE

Pour 6 personnes

Temps de cuisson ☞ 20 min pour les pommes de terre ;
15 min pour les galettes.

- *350 g de pommes de terre*
- *225 g de farine*
- *150 g de beurre + 30 g pour la tôle de cuisson*
- *225 g de bleu d'Auvergne*
- *1 œuf*
- *8 cerneaux de noix*
- *sel*

Eplucher les pommes de terre et les faire cuire dans de l'eau salée. Passer les pommes de terre à la moulinette ; mêler cette purée à la farine et incorporer la moitié du beurre.

Hacher menu les cerneaux de noix. Ecraser le fromage. Amalgamer les noix, le fromage et le beurre restant.

Galettes au bleu d'Auvergne.

Fariner un plan de travail et étendre la pâte au rouleau. Découper dans la pâte des disques d'environ six centimètres de diamètre.

Tartiner la moitié des disques avec la crème au bleu d'Auvergne. Couvrir avec les autres disques. Dorer à l'œuf les parties visibles.

Beurrer une tôle, disposer les galettes et introduire dans le four préchauffé (thermostat 7) durant quinze minutes.

Les galettes doivent être bien dorées. Vous pouvez si vous le souhaitez déposer un demi-cerneau de noix sur chaque galette pour les décorer.

POUNTI

Pour 6 personnes

Temps de cuisson ☞ 45 min

- *4 œufs*
- *100 g de farine*
- *250 g de lard maigre frais*
- *250 g de jambon ou de viande*
- *25 cl de lait*
- *10 pruneaux d'Agen*
- *vert de blettes (3 à 4 feuilles)*
- *2 oignons*
- *persil et cerfeuil*
- *5 g de levure de boulanger*
- *huile*
- *sel, poivre*

Faire tremper les pruneaux la veille.

Hacher très finement : le lard, le jambon, les oignons et les herbes (blette, persil et cerfeuil).

Délayer dans une terrine : les œufs, la farine, la levure de boulanger et le lait.

Mélanger la pâte et le hachis. Ajouter les pruneaux dénoyautés à la préparation. Saler et poivrer.

Graisser le fond d'une cocotte, y verser l'appareil obtenu.

Cuire dans le four préchauffé, la cocotte ouverte (thermostat 7) ; à mi-cuisson, baisser le thermostat à 6.

Démouler et consommer chaud ou froid.

Pounti.

Truites fraîches.

Ecrevisses.

LES POISSONS

Dans les rivières d'Auvergne courent encore des espèces de poissons disparues ailleurs.

Le saumon de l'Allier, l'omble chevalier du lac Pavin (fort rare), la truite et la brème sont accommodés en tourte, au vin blanc, au lard, cuits à la broche ou bien farcis.

MORUE AUVERGNATE

Pour 4 personnes

Temps de cuisson ☞ 25 min

- *800 g de morue*
- *8 pommes de terre moyennes*
- *3 oignons*
- *40 g de beurre + 30 g*
- *3 cuillères d'huile*
- *sel, poivre*

Pour le bouillon :

- *10 cl de vinaigre*
- *1 bouquet garni*
- *1 oignon*
- *1 carotte*

La morue auvergnate.

Mettre la morue à tremper dans de l'eau froide pour la dessaler durant environ douze heures en changeant quatre ou cinq fois l'eau.

Eplucher l'oignon et la carotte destinés au court-bouillon, les plonger dans un demi-litre d'eau bouillante avec le vinaigre et le bouquet garni, laisser frémir vingt-cinq minutes.

Eplucher, laver et couper les pommes de terre en rondelles.

Faire chauffer trente grammes de beurre et l'huile dans une poêle, y placer les pommes de terre et les laisser cuire à feu doux.

Eplucher et ciseler les oignons et les faire revenir dans le beurre restant. Remuer souvent les pommes de terre et les oignons qui ne doivent pas se colorer.

Plonger la morue dans le court-bouillon refroidi ; aux premiers frémissements, arrêter le feu et laisser pocher dix minutes.

Bien égoutter la morue, la débarrasser de la peau et des arrêtes, la couper en morceaux.

Ecraser grossièrement les pommes de terre avec une fourchette.

Mêler les pommes de terre, les oignons et la morue, poivrer et saler si nécessaire. Couvrir et laisser mijoter dix minutes.

Vin conseillé ➡ côtes d'Auvergne blanc.

OMBLE CHEVALIER AU VIN BLANC

Pour 2 personnes

Temps de cuisson ☞ 20 min

Voisin du saumon, l'omble chevalier est un poisson de lac d'une extrême délicatesse, de plus en plus rare. Il se prépare comme la truite ou le saumon, très simplement, afin de conserver toute sa finesse.

- *1 omble chevalier de 400 g environ*
- *100 g de champignons de couche*
- *1 dl de vin blanc sec*
- *5 cl de crème fleurette*
- *1 citron*
- *40 g de beurre*
- *sel et poivre*

Vider, laver et essuyer le poisson. Beurrer un plat allant au four, y installer le poisson après l'avoir assaisonné. Introduire dans le four préchauffé (thermostat 7). Nettoyer les champignons, les émincer et les faire sauter avec le beurre restant durant cinq minutes à découvert.

Verser le vin sur le poisson et disperser les champignons autour.

Mélanger la crème fraîche et le jus de citron, saler et poivrer ; arroser le poisson avec cette sauce. Poursuivre la cuisson.

Servir le poisson brûlant dans le plat où il a cuit.

Vin conseillé ➡ chablis.

SAUMON DE L'ALLIER

Pour 6 personnes

Temps de cuisson ☞ 10 min pour la mirepoix ;
30 min pour le poisson

- *1 saumon de l'Allier de 1,5 kg environ*
- *75 cl de vin blanc de Saint-Pourçain*
- *2 dl de fumet de poisson*
- *2 carottes*
- *2 oignons*
- *2 échalotes*
- *2 gousses d'ail*
- *1 branche de céleri*
- *1 bouquet garni*
- *100 g de beurre*
- *100 g de champignons de couche*
- *2 dl de crème fraîche*
- *1 citron*
- *sel et poivre*
- *citron et persil frisé pour le décor*

Couper les légumes lavés et épluchés en dés. Les faire suer au beurre pour obtenir une mirepoix. Parer le saumon.

Répartir la mirepoix au fond d'un plat allant au four et poser le poisson dessus.

Mouiller avec le vin blanc, ajouter le bouquet garni, saler et poivrer.

Introduire le plat dans le four préchauffé (thermostat 7) et laisser cuire trente minutes.

Retirer le saumon du plat de cuisson et le réserver au chaud.

Ajouter le fumet de poisson au vin de cuisson. Réduire la sauce de la moitié de son volume.

Nettoyer et émincer les champignons, les faire sauter avec le beurre restant. Enlever la peau du saumon.

Passer la sauce, ajouter la crème fraîche, le jus de citron et les champignons. Rectifier l'assaisonnement si nécessaire.

Dresser le poisson, le napper avec la sauce, le décorer avec des tranches de citron et du persil frisé.

Vin conseillé ➡ le même que dans la préparation.

TRUITES AU LARD

Pour 6 personnes

Temps de cuisson ☞ 10 min

- *6 truites*
- *12 tranches de lard fumé*
- *3 gousses d'ail*
- *1 petit bouquet de persil*
- *1 verre de lait*
- *farine*
- *2 cuillères à soupe d'huile*
- *sel et poivre*

Vider, parer et laver les truites. Les tremper dans le lait et les enrober avec la farine.

Découper le lard de poitrine en dés.

Faire chauffer l'huile dans la poêle et y faire fondre les lardons.

Quand ils sont presque fondus, ajouter les gousses d'ail épluchées, dorer les truites (trois ou quatre minutes sur chaque face).

En fin de cuisson, ajouter le persil haché.

Servir les truites bien arrosées avec le jus de cuisson, accompagnées de pommes vapeur.

Vin conseillé ➡ côtes d'Auvergne blanc.

Truites au lard.

CUISSES DE GRENOUILLE SAUTÉES AU BEURRE
Pour 4 personnes

Temps de cuisson ☞ 10 min

- 800 g de cuisses de grenouille
- 160 g de beurre
- farine
- 1 gousse d'ail
- 1 bouquet de persil
- sel et poivre

Cuisses de grenouille sautées au beurre.

Bien essuyer les cuisses de grenouille ; les rouler dans la farine.

Faire fondre le beurre dans une sauteuse ; quand il mousse, faire revenir à feu vif les cuisses de grenouilles. Les faire cuire trois minutes environ sur chaque côté jusqu'à obtenir une jolie couleur. Saler, poivrer. Hacher l'ail et une partie du persil et en saupoudrer les cuisses de grenouille. Dresser sur le plat de service et parsemer de persil.

Vin conseillé ➡ sancerre blanc.

ÉCREVISSES À LA NAGE
Pour 6 personnes

Temps de cuisson ☞ 30 min pour le court-bouillon ;
7 min pour les écrevisses

- 2 kg d'écrevisses
- 2 carottes
- 2 branches de céleri
- 1 oignon
- 5 échalotes
- 5 dl de vin blanc sec
- 3 dl de fumet de poisson
- 60 g de beurre
- 1 bouquet garni
- 1 pointe de couteau de poivre de Cayenne
- sel et poivre

Eplucher les légumes, les débiter en rondelles et les faire suer dans un faitout avec la moitié du beurre.

Mouiller avec le vin blanc et le fumet de poisson, saler, poivrer et mettre le bouquet garni. Laisser cuire doucement trente minutes.

Parer et laver dans plusieurs eaux les écrevisses et les plonger dans le court-bouillon durant sept minutes. Ajouter le poivre de Cayenne au court-bouillon.

Dresser les écrevisses dans un légumier, répartir le beurre restant.

Verser dessus le court-bouillon après en avoir retirer le bouquet garni.

Vin conseillé ➡ graves blanc.

Ecrevisses à la nage.

Légumes pour la potée.

Lentilles vertes du Puy.

Les plats uniques

POT-AU-FEU

Pour 6 personnes

Temps de cuisson ☞ 3 h

• *1,5 kg de macreuse ou autre viande pour pot-au-feu*	• *5 carottes*
• *500 g de jarret de veau*	• *1 rutabaga*
• *1 os de bœuf à moelle*	• *4 poireaux*
• *3 oignons dont un piqué de deux clous de girofle*	• *1 branche de céleri*
	• *1 bouquet garni*
	• *gros sel, poivre mignonnette*

Faire blanchir trois minutes les viandes et l'os.

Mettre trois litres d'eau dans une marmite et y placer les viandes et l'os.

Eplucher et couper en deux les deux oignons et les appliquer sur une plaque à feu brûlante. Les oignons ainsi traités coloreront le bouillon.

Saler, poivre et aromatiser. Ajouter tous les légumes lavés et épluchés. Couvrir et laisser cuire très doucement.

Pendant la cuisson, la marmite doit rester bien fermée. Retirer le jarret de veau trente minutes avant la fin de la cuisson du pot-au-feu.

Servir le bouillon avec du vin du pays pour « faire chabrot ».

Dresser la viande avec les légumes et servir très chaud.

Vin conseillé ➡ vin rouge de pays.

Pot-au-feu auvergnat.

Petits farcis avant cuisson.

FEUILLES DE CHOU FARCIES DU POT-AU-FEU AUVERGNAT

Pour 6 personnes

Temps de cuisson ☞ 2 h

- *1 chou frisé*
- *400 g de chair à saucisse*
- *1 gousse d'ail*
- *5 brins de persil*
- *10 tiges de ciboulette*
- *muscade*
- *1 œuf*
- *1 cuillère à soupe de saindoux*
- *sel, poivre*

Préparer un pot-au-feu (voir recette précédente).

Faire blanchir les feuilles de chou trois à quatre minutes ; les égoutter et les rafraîchir. Les étendre, puis les saler et les poivrer. Amalgamer la chair à saucisse avec l'ail, le persil et la ciboulette hachés, aromatiser avec la noix de muscade râpée, assaisonner. Mettre une cuillère à soupe de farce sur chaque feuille de chou. Les rouler et les ficeler. Chauffer le saindoux dans la cocotte, placer les petits farcis et mouiller jusqu'à mi-hauteur avec du bouillon de pot-au-feu. Cuire à frémissements, la cocotte bien fermée.

Servir les farcis dans une soupière avec des légumes et le bouillon.

Accompagner de tranches de pain grillées.

Vin conseillé ➡ coteaux du Lyonnais rouge.

POT-AU-FEU AUVERGNAT

Pot-au-feu plus feuilles de chou farcies font le pot-au-feu auvergnat.

MOURTAÏROL ou MOURTAYROL

Pour ce pot-au-feu des grands jours de fête, on ajoutait une poule et un morceau de jambon dessalé, le bouillon étant la base de cette soupe.

Le mourtaïrol est une soupe safranée et mitonnée à base de bouillon de bœuf et de poule.

Trancher dans une terrine allant au four une boule de cinq cents grammes de pain de campagne rassis, verser dessus le bouillon coloré et parfumé au safran jusqu'à saturation du pain. Faire mitonner trente minutes à feu doux en ajoutant de temps en temps une louche de bouillon. Les viandes sont présentées à part.

Vin conseillé ➡ coteaux du Lyonnais rouge.

Mourtaïrol.

LE SAFRAN

Cette épice, de couleur jaune orangé, apparaît dans de nombreux plats de la cuisine du Centre et du Sud-Ouest. Elle aurait été introduite par les Arabes lorsqu'ils tentèrent de conquérir la France. Il s'agit peut-être du *karkham* dont parle la Bible. Au Moyen Age, il entrait dans l'élaboration des filtres d'amour.

Le safran est le pistil d'une variété de crocus.

La couleur et la saveur que prennent les préparations safranées sont très caractéristiques.

POTÉE AUVERGNATE

Pour 6 personnes

Temps de cuisson ☞ 2 h 20

- *600 g de petit salé*
- *1 fond de jambon de pays*
- *1 saucisson sec de pays*
- *1 gros chou*
- *750 g de pommes de terre*
- *6 carottes*
- *3 poireaux*
- *1 gros oignon piqué d'un clou de girofle*
- *1 bouquet garni*
- *1 cuillère à soupe de saindoux*
- *sel et poivre*
- *tranches de pain de campagne*

Faire dessaler les viandes dans de l'eau froide la nuit qui précède la préparation de la potée.

Disposer le petit salé, le fond de jambon, l'oignon dans un faitout et couvrir abondamment avec de l'eau. Porter à ébullition, couvrir et laisser cuire dix minutes.

Laver le chou, ôter les parties dures et le couper en quartiers ; le faire blanchir cinq minutes dans l'eau bouillante.

Le rincer et l'égoutter.

Eplucher et laver les autres légumes.

Ajouter le chou, les carottes, le saindoux et le bouquet garni.

Viandes pour la potée.

Laisser cuire à petits bouillons et à couvert une heure et quinze minutes. Mettre le saucisson, les pommes de terre et les poireaux dans la marmite, vérifier l'assaisonnent et poursuivre la cuisson.

Le bouillon se sert sans être filtré sur des tranches de pain de campagne.

Les viandes sont présentées entourées des légumes.

Vin conseillé ➡ saint-pourçain.

Pages suivantes : potée auvergnate.

PETIT SALÉ AUX LENTILLES

Pour 6 personnes

Temps de cuisson ☞ 2 h 30

- *750 g de lentilles vertes du Puy*
- *1 jarret de porc demi-sel*
- *750 g d'échine de porc*
- *200 g de poitrine fumée*
- *1 oignon piqué de 2 clous de girofle*
- *2 carottes*
- *2 gousses d'ail*
- *1 bouquet garni*
- *1 branche de céleri*
- *1 cuillère à soupe de saindoux*
- *poivre en grains et sel*

Petit salé aux lentilles.

Faire tremper le petit salé à l'eau froide pendant trente minutes. Rincer.

Mettre la viande dans un grand faitout, la couvrir d'eau froide. Chauffer et laisser frémir 1 heure à partir des premiers bouillons.

Rincer les lentilles, les placer dans une casserole, couvrir d'eau froide (ne pas saler), porter à ébullition et cuire doucement dix minutes.

Eplucher l'oignon et les carottes ; piquer l'oignon avec les clous de girofle et couper les carottes en rouelles.

Egoutter les lentilles, les ajouter au petit salé ainsi que les légumes, les gousses d'ail épluchées, le bouquet garni et quelques grains de poivre. Cuire à frémissements une heure et trente minutes.

Dix minutes après, couper la poitrine en dés (une fois découennée). La faire rissoler avec le saindoux et l'ajouter aux lentilles.

Retirer l'oignon et le bouquet garni ; saler si nécessaire.

Sortir les viandes puis les couper en tranches.

Disposer les viandes et les lentilles dans un plat creux ; servir très chaud. Vous pouvez ajouter, trente minutes avant la fin de la cuisson, deux saucisses d'Auvergne.

Vin conseillé ➡ côtes d'Auvergne.

LENTILLES VERTES DU PUY

Pour 4 personnes

Temps de cuisson ☞ 2 h

- *300 g de lentilles vertes du Puy*
- *400 g de petit salé*
- *400 g de saucisses d'Auvergne*
- *2 carottes*
- *2 oignons*
- *2 gousses d'ail*
- *persil*
- *3 cuillères à soupe d'huile*
- *poivre, sel*

Faire tremper le petit salé (le temps varie selon le degré de salaison).

Mettre le petit salé dans un faitout, le couvrir d'eau, porter à ébullition et laisser frémir une heure.

Verser les lentilles dans une casserole, les mouiller avec de l'eau froide et les faire blanchir. Deux minutes après les premiers bouillons, les égoutter. Chauffer deux cuillères d'huile dans une cocotte et saisir les légumes épluchés et détaillés.

Ajouter l'ail écrasé, le petit salé et les lentilles. Couvrir jusqu'à hauteur d'eau froide et laisser frémir vingt minutes.

Faire dorer les saucisses avec l'huile restante et les placer dans la cocotte vingt-cinq minutes avant la fin de la cuisson.

Vérifier l'assaisonnement et servir aussitôt.

Vin conseillé ➡ saint-pourçain.

Lentilles vertes du Puy.

Lapin au chou.

Canard aux griottes.

Les volailles

LAPIN AU CHOU

Pour 6 personnes

Temps de cuisson ☞ 1 h 50

- *1 lapin de 1,5 kg environ*
- *1 chou moyen*
- *150 g de lard maigre*
- *2 oignons*
- *3 carottes*
- *2 cuillères à soupe d'huile*
- *2 dl de bouillon*
- *sel, poivre*

Couper le lapin en morceaux et le lard en dés.

Faire chauffer l'huile dans une poêle et dorer les lardons. Les retirer, les réserver et dorer les morceaux de lapin dans ce jus. Enlever les morceaux de lapin et faire rissoler les oignons et les carottes pelés et débités en rouelles. Laver le chou et le débarrasser des parties et des feuilles dures. Blanchir le chou cinq minutes après les premiers bouillons.

Ranger dans une cocotte par couches successives : le chou, le lapin, les légumes et les lardons. Saler et poivrer chaque couche. Mouiller avec le bouillon. Couvrir et laisser cuire à feu doux. Présenter le lapin dans un plat creux sur une couche de légumes.

Vin conseillé ➡ côtes d'Auvergne.

COQ AU VIN DE CHANTURGUE

Pour 8 personnes

TEMPS DE CUISSON ☞ 2 H

Il existe une légende sur l'origine du coq au vin : dans le Puy-de-Dôme, les Gaulois étaient assiégés par les légions de César.

Un chef gaulois, pour narguer l'empereur, lui envoya un vieux coq maigre.

Vexé, César décida de se venger en invitant son adversaire à partager son repas.

Le jour suivant, au cours d'un somptueux festin, un mets baignant dans une sauce onctueuse et rougeâtre fut dégusté goulûment par le vieux chef gaulois qui le trouva fort savoureux ; il demanda ce qu'était cette préparation.

César lui répondit qu'il s'agissait de son coq.

Cuit longuement et très doucement dans un excellent vin de la région de Chanturgue, et condimenté avec les aromates les plus divers, ce vieux coq gaulois avait été transformé en chef-d'œuvre gastronomique par les cuisiniers de César.

- *1 coq de 3 kg environ*
- *2 l de vin rouge de Chanturgue*
- *1 oignon*
- *2 carottes*
- *4 gousses d'ail*
- *1 bouquet garni*
- *3 cuillères à soupe d'huile*
- *sel*
- *poivre en grain*

Pour la garniture :

- *250 g de lardons*
- *250 g de champignons de couche*
- *100 g de petits oignons*
- *1 petit bouquet de persil*
- *35 g de beurre*

La veille, découper le coq en morceaux et le mettre dans un saladier. Eplucher l'oignon et les carottes, les débiter en fines rondelles et les ajouter au saladier ainsi que le bouquet garni et les grains de poivre. Verser le vin, couvrir et placer dans le réfrigérateur une nuit.

Le lendemain, égoutter et sécher les morceaux de coq. Filtrer la marinade. Chauffer l'huile dans une grosse poêle et dorer en plusieurs fois les morceaux de coq.

Placer les morceaux de coq dans une cocotte ainsi que les légumes de la marinade après les avoir fait revenir. Ajouter les gousses d'ail concassées. Mouiller avec la marinade et saler.

Porter à ébullition, couvrir et laisser mijoter à tout petit feu.

Eplucher les petits oignons, parer les champignons.

Dorer les légumes de la garniture au beurre avec les lardons et les laisser cuire doucement huit à dix minutes.

Les ajouter au contenu de la cocotte en fin de cuisson.

Rectifier l'assaisonnement et parsemer de persil haché.

Vin conseillé ➡ le même que dans la sauce.

Coq au vin de Chanturgue.

POULET AUX ÉCREVISSES

Pour 8 personnes

Temps de cuisson ☞ 1 h

- *1 beau poulet*
- *4 douzaines d'écrevisses*
- *6 dl de vin blanc sec*
- *12 cl de cognac*
- *12 cl de crème fraîche*
- *60 g de beurre*
- *6 carottes*
- *6 échalotes*
- *2 gousses d'ail*
- *1 bouquet garni*
- *farine*
- *sel, poivre*

Découper le poulet et le faire cuire sur toutes ses faces dans une sauteuse avec la moitié du beurre. Quand il est à point, le flamber avec la moitié du cognac. Saler, poivrer et réserver au chaud.

Prendre une autre sauteuse et y faire suer les légumes épluchés, coupés en dés ou ciselés avec le beurre restant. Ajouter le bouquet garni.

Jeter les écrevisses sur la préparation et les flamber avec le cognac dès qu'elles sont rouges. Saler, poivrer et couvrir avec le vin blanc.

Poulet aux écrevisses.

Laisser cuire dix minutes à gros bouillons.
Saupoudrer le poulet avec de la farine, bien remuer.
Mouiller le poulet avec le jus de cuisson des écrevisses.
Tamiser la sauce et l'amalgamer avec la crème. Réchauffer.
Dresser le poulet avec les écrevisses et le napper avec la sauce.

Vin conseillé ➡ saint-aubin.

POULET BRAYAUDE

Pour 6 personnes

Temps de cuisson ☞ 50 min

- *1 poulet de 1,5 kg environ*
- *6 tranches de lard maigre*
- *500 g de cèpes*
- *1 oignon*
- *1 carotte*
- *2 gousses d'ail*
- *1 œuf*
- *100 g de beurre*
- *2 cuillères à soupe de farine*
- *2 tranches de céleri*
- *1 bouquet garni (thym, laurier, persil)*
- *2 clous de girofle*
- *5 cl de vinaigre de vin*
- *persil haché*
- *sel et poivre*

Couper le poulet en huit morceaux.

Beurrer légèrement une cocotte, placer les morceaux de poulet, les tranches de lard, l'oignon et la carotte épluchés et coupés en rouelles épaisses, le bouquet garni, le céleri, les gousses d'ail en chemise, les clous de girofles et trente grammes de beurre.

Mouiller avec le vinaigre et deux verres d'eau, saler et poivrer.

Cuire à four moyen (thermostat 7) durant trente-cinq minutes, la cocotte couverte. Cuire les cèpes avec trente grammes de beurre, les saler et les poivrer. Retirer les morceaux de poulet et les tenir au chaud.

Manier la farine et le beurre, lier la sauce, bien remuer et laisser frémir deux à trois minutes.

Passer au chinois, remettre les morceaux de poulet dans la cocotte ainsi que les cèpes. Poursuivre la cuisson sept minutes.

Terminer la sauce en la liant avec le jaune d'œuf.

Dresser le poulet et le saupoudrer de persil haché.

Vin conseillé ➡ châteaugay.

CANARD DU BOUGNAT

Pour 4 personnes

Temps de cuisson ☞ 1 h

- *1 canard*
- *5 dl de cidre*
- *7 cl d'eau de vie*
- *4 dl de bouillon de volaille*
- *1 oignon*
- *1 carotte*
- *4 belles pommes*
- *2 dl de crème fraîche*
- *50 g de beurre*
- *2 cuillères à soupe d'huile*
- *1 bouquet garni (thym, laurier, persil)*
- *sel, poivre*

Ingrédients pour la préparation du canard du bougnat.

Chauffer l'huile dans une cocotte et dorer le canard sous toutes ses faces.

Ajouter l'oignon et les carottes épluchés et coupés en dés. Mouiller avec le bouillon.

Peler les pommes et mettre les épluchures dans la cocotte.

Faire cuire le canard sans le couvrir à feu moyen.

Evider les pommes et les disposer sur un plat généreusement beurré ; faire cuire au four durant vingt minutes (thermostat 7).

Retirer le canard et le réserver au chaud.

Si le bouillon n'est pas tout à fait évaporé, chauffer jusqu'à ce que la cocotte soit presque sèche.

Déglacer avec l'eau de vie et le cidre, réduire de la moitié du volume. Saler, poivrer et inclure la crème fraîche ; laisser frémir cinq à six minutes.

Tamiser la sauce et en napper le canard après l'avoir disposé sur le plat de service. Placer les pommes autour de la volaille.

Vin conseillé ➡ saint-pourçain.

CANARD DE MARINGUES

Pour 4 personnes

Temps de cuisson ☞ 1 heure pour le canard ;
30 min pour le bouillon

- 1 canard
- 150 g de lardons maigres demi-sel
- 20 petits oignons
- 1 blanc de poireau
- 1 branche de céleri
- 1 brin d'aneth
1 brin de thym
- 1 pointe de couteau de piment de Cayenne
- 4 tranches de pain + 40 g de beurre
- 2 cuillères à soupe d'huile
- 1 cuillère à soupe de farine
- 1 cuillère à soupe de sucre en poudre
- sel

Pour le bouillon aromatique :

- 1 carotte
- 1 oignon piqué d'un clou de girofle
- 6 brins de cerfeuil
- 12 feuilles de basilic
- 1 brin de sarriette
- 1 brin de marjolaine
- marmelade de pommes-orange

Ingrédients pour préparer le canard de Maringues.

Préparation du bouillon aromatique : mettre un demi-litre d'eau dans une casserole légèrement salée. Porter à ébullition et plonger les herbes lavées et égouttées, l'oignon et la carotte émincée.

Préparation de la volaille : faire blanchir les lardons deux à trois minutes après les premiers bouillons.

Faire revenir dans une cocotte avec l'huile les lardons égouttés et les petits oignons épluchés. Les retirer quand ils sont à point.

Faire dorer le canard dans ce jus sur toutes ses faces.

Remettre les oignons et les lardons, saupoudrer avec la farine, bien remuer. Mouiller avec le bouillon tamisé, ajouter le poireau et les aromates indiqués, sucrer, relever avec le poivre de Cayenne et saler.

Couvrir et laisser cuire à petit feu. Retirer le canard, le réserver au chaud et réduire la sauce.

Présenter le canard entouré de croûtons frits tartinés de marmelade. Napper le canard avec la sauce.

Vin conseillé ➡ fitou ou madiran.

CANARD AUX GRIOTTES

Pour 4 personnes

Temps de cuisson ☞ 1 h

Canard aux griottes.

- *1 canard prêt a cuire*
- *1 kg de griottes*
- *30 g de beurre*
- *sel, poivre*

Saler et poivrer le canard à l'intérieur.

Mettre le beurre dans la cocotte et dorer le canard. Le laisser cuire à couvert pendant trente minutes à feu moyen.

Laver, équeuter les cerises et les égoutter. Dénoyauter la moitié des griottes et en récupérer le jus. Placer ce jus et les cerises autour du canard et laisser mijoter vingt minutes.

Retirer le canard et le réserver au chaud.
Mixer la sauce et les cerises dénoyautées ensemble.
Remettre la sauce, le canard et les cerises restantes dans la cocotte ; laisser frémir dix minutes.

Vin conseillé ➡ pommard.

OYONNADE

Pour 8 à 10 personnes

Temps de cuisson ☞ 2 h

- 1 oie jeune de 4 kg environ
- 1 l de saint-pourçain rouge
- 250 g de lard gras demi-sel
- 30 petits oignons
- 2 gousses d'ail
- 1 bouquet garni
- 6 cl de marc
- 2 cuillères à soupe de farine
- 2 cuillères à soupe de crème fraîche
- 2 cuillères à soupe d'huile
- sel, poivre

L'oie pour l'oyonnade.

Mouiller l'oie avec le vin et la laisser macérer trois à quatre heures.

Eponger la volaille, la couper en morceaux. Faire mariner le foie avec le marc.

Chauffer l'huile dans une cocotte et le lard coupé en dés.

Dorer les morceaux d'oie. Quand ils sont à point, les saupoudrer avec la farine, bien remuer et mouiller le vin de la marinade.

Eplucher les petits oignons et les gousses d'ail, les rajouter au contenu de la cocotte ainsi que le bouquet garni. Saler et poivrer.

Cuire doucement, le couvercle de la cocotte entrouvert.

En fin de cuisson, lier la sauce avec le foie mixé délayé avec la crème fraîche en évitant l'ébullition durant la liaison.

Vin conseillé ➡ le même que pour la préparation.

DINDE FARCIE AUX MARRONS

Pour 10 personnes

Temps de cuisson ☞ 2 h 30

- *1 dinde prête à cuire de 4 kg environ*

Pour la farce :

- *300 g de chair à saucisse*
- *100 g de lardons*
- *1 pomme*
- *15 marrons*
- *2 oignons*
- *1 barde de lard*
- *1 pincée de cannelle*

Pour la préparation :

- *30 g de beurre + 30 g*
- *2 cuillères à soupe d'huile*
- *15 marrons*
- *2 pommes*
- *sel, poivre*

Eplucher les oignons, les hacher avec le foie et le gésier de la dinde.

Mettre le beurre dans une poêle ; quand il est chaud, faire revenir doucement ce hachis ainsi que la chair à saucisse et les lardons durant sept à huit minutes.

Eplucher la pomme, la découper finement, écraser les marrons pour la farce avec une fourchette. Amalgamer tous ces ingrédients destinés à la farce et aromatiser avec la cannelle.

Farcir la dinde et coudre l'ouverture. Placer la barde autour de la poitrine de la volaille, la maintenir en place avec une ficelle de cuisine.

Huiler la dinde, saler, poivrer et l'installer dans un grand plat allant au four. Préchauffer le four (thermostat 7), introduire le plat, baisser le thermostat à 6 après trente minutes de cuisson. Arroser la dinde de temps en temps.

Eplucher, évider et couper en tranches les pommes. Faire fondre trente grammes de beurre dans une poêle et faire sauter les pommes et les marrons. Découper la dinde, présenter les morceaux de dinde autour de la farce, accompagner de tranches de pommes et de marrons sautés au beurre. servir le jus de cuisson dégraissé en saucière.

Vous pouvez pour la réalisation de ce plat utiliser des marrons en boîte ou sous vide.

Vin conseillé ➡ saint-pourçain.

Coufidou.

Les abats et les viandes

GRATIN DE PIEDS DE COCHON

Pour 4 personnes

Temps de cuisson ☞ 2 h 45

- *6 pieds de cochon*
- *quelques couennes*
- *1 l de vin blanc sec*
- *1 oignon*
- *1 bouquet garni*
- *4 clous de girofle*
- *1 pincée de quatre épices*
- *chapelure*
- *sel et poivre*

Mettre les pieds et les couennes dans un faitout, couvrir avec le vin blanc et autant d'eau. Ajouter l'oignon, les clous de girofle, le bouquet garni et les quatre épices. Saler, poivrer, porter à ébullition et laisser cuire deux heures. Retirer les couennes et les pieds ; les désosser.

Ranger les pieds et les couennes dans un plat à gratin, saupoudrer de chapelure et mouiller avec du bouillon de cuisson jusqu'au trois quarts de la hauteur des viandes.

Introduire dans le four préchauffé (thermostat 6) durant quarante-cinq minutes. Servir très chaud.

Vin conseillé ➡ vin blanc sec.

Gratins de pieds de cochon.

DAUBE DE PIEDS DE PORC

Pour 4 personnes

Temps de cuisson ☞ 4 h

- 2 pieds de porc
- 400 g de lard maigre
- 200 g de couennes
- 4 carottes
- 2 oignons
- 75 cl de vin rouge de côtes d'Auvergne
- 7 cl de cognac
- sel et poivre

Eplucher et débiter en rouelles les oignons et les carottes.

Couper le lard en dés.

Faire blanchir environ dix minutes les pieds et les couennes. Tailler les couennes en grosses lanières.

Faire revenir les lardons avec les oignons et les carottes.

Disposer les pieds de porc et les couennes dans une cocotte, les flamber avec le cognac.

Mouiller avec le vin rouge, saler et poivrer. Laisser mijoter bien à couvert.

Vin conseillé ➡ le même que pour la préparation.

TRIPOUX

Première formule

Pour 6 à 8 personnes

Temps de cuisson ☞ 6 h

A chaque ville sa recette.

Les Auvergnats excellent dans le traitements des abats. D'Aurillac à Chaudes-Aigues, chaque cité a ses « tripoux ».

- 2 panses de moutons
- 1 ventre de veau (fraise et tripes) blanchi
- 200 g de ventrèche
- 250 g de jambon
- 2 pieds de veau blanchis
- 10 couennes
- 5 carottes
- 2 oignons piqués chacun d'un clou de girofle
- 4 gousses d'ail
- persil
- 1 bouquet garni
- 2 pincées de noix de muscade
- 25 cl de vin blanc sec
- sel et poivre

Tripoux première formule.

Après les avoir étalés, découper les panses en rectangles de dix centimètres de longueur sur six centimètres de largeur.

Hacher la ventrèche, le jambon, les gousses d'ail, le persil, et les mélanger au ventre de veau après l'avoir détaillé en menus morceaux. Saler, poivrer et épicer.

Farcir chaque morceau de panse avec cet appareil. Les plier et les coudre avec un fil de lin.

Foncer une marmite avec les couennes, couvrir avec les carottes épluchées et coupées en rouelles épaisses, déposer les oignons. Mettre de chaque côté de la marmite les pieds de veau désossés et coupés en quartier. Placer les tripoux au centre. Ajouter le bouquet garni, couvrir les tripoux avec le vin et un verre d'eau. Fermer la marmite.

Introduire dans le four doux (thermostat 5) durant six heures.

Accompagner de pommes de terre à l'anglaise ou en robe des champs cuites sous la cendre.

Vin conseillé ➡ marcillac rouge.

TRIPOUX
Deuxième formule
Pour 6 personnes

Temps de cuisson ☞ 6 h

- *2 kg de ventre de mouton*
- *200 g de jambon de pays*
- *gousses d'ail*
- *clous de girofle*
- *1/2 l de vin blanc sec*
- *1/2 kg de tomates*
- *2 oignons*
- *4 carottes*
- *thym et laurier*
- *1 cuillère de saindoux*
- *sel et poivre*

Bien laver les tripes ; les découper et en faire des petits paquets. Introduire dans chaque paquet un morceau de jambon et une gousse d'ail piquée d'un clou de girofle. Préparer le fond de sauce.

Faire revenir dans le pot les oignons et les carottes coupés en rouelles. Eplucher et couper les tomates en dés, les faire frire avec le saindoux dans un pot de terre, ajouter les aromates, saler et poivrer.

Coudre ou ficeler les tripoux, les disposer dans un pot en terre. Mouiller avec le vin blanc. Cuire doucement durant six heures.

Vin conseillé ➡ marcillac.

BOUDIN AUX POMMES

Pour 4 personnes

Temps de cuisson ☞ 25 min

- *600 g de boudin*
- *6 belles pommes*
- *1 citron*
- *sel et poivre*

Piquer le boudin avec les dents d'une fourchette.

Eplucher les pommes et les couper en lamelles, les arroser avec le jus de citron, bien remuer. Mettre les pommes dans une casserole avec cinq centilitres d'eau et laisser cuire doucement. Griller le boudin sur la braise ou le gril du four. Dresser le boudin et la compote. Servir très chaud. Vous pouvez remplacer la compote de pommes par des pommes en l'air.

Vin conseillé ➡ vin rouge ou rosé fruité de pays.

Boudin aux pommes.

Jambonneau aux navets.

JAMBONNEAU AUX NAVETS

Pour 6 personnes

Temps de cuisson ☞ 1 h 30

- *1 jambonneau demi-sel*
- *1 kg de petits navets*
- *2 oignons*
- *12 oignons*
- *4 tranches de jambon d'Auvergne*
- *2 dl de cidre*
- *1 cuillère à soupe de sucre en poudre*
- *2 pincées de cannelle*
- *1 pincée de muscade*
- *sel, poivre*

Faire dessaler le jambonneau une nuit.

Ranger au fond d'une cocotte les oignons épluchés et émincés et la moitié des navets.

Poser le jambonneau sur ce lit, recouvrir avec les tranches de jambon et navets restants, poivrer, sucrer et aromatiser, mouiller avec le cidre, couvrir la cocotte.

Mettre la cocotte dans le four tiède (thermostat 5). Après quarante-cinq minutes de cuisson, augmenter la température du four (thermostat 7) et ajouter les petits oignons.

Présenter le jambonneau découpé ainsi que le jambon, entouré de légumes, baignés par leur jus de cuisson. Saler si nécessaire.

Vin conseillé ➡ cidre.

COUFIDOU

Pour 6 personnes

Temps de cuisson ☞ 3 h

Le coufidou était le plat de Pâques ou de la Noël. Le collier, la poitrine ou la joue du bœuf étaient utilisés pour sa préparation.

La particularité de ce mets confectionné avec des bas morceaux le rendait accessible aux bourses modestes.

Coufidou.

- *2 kg de viande de bœuf détaillée en gros cubes*
- *1 bouteille de vin rouge corsé*
- *2 oignons*
- *2 carottes*
- *2 cuillères à soupe de concentré de tomates*
- *150 g de lardons*
- *3 gousses d'ail*
- *2 cuillères à soupe de farine*
- *1 petit bouquet garni*
- *1 cuillère à soupe de saindoux*
- *sel et poivre*

Faire revenir les morceaux de viande dans une cocotte avec le saindoux.

Quand ils sont dorés, ajouter les oignons épluchés et émincés, saupoudrer avec la farine, bien remuer. Hacher l'ail finement, le déposer dans la cocotte ainsi que les lardons, le bouquet garni et le concentré de tomates, bien agiter.

Mouiller avec le vin, saler et poivrer.

Porter à ébullition, couvrir et laisser mijoter trois heures.

Le plat jadis mijotait longuement au coin de la cheminée.

Vin conseillé ➡ le même que pour la préparation.

ROUELLE DE VEAU AUX MOUSSERONS

Pour 6 personnes

Temps de cuisson ☞ 2 h

- 1,2 kg de rouelle de veau
- 200 g de lard de poitrine demi-sel
- 100 g de jambon d'Auvergne
- 500 g de mousserons
- 2 oignons
- 50 g de beurre
- 2 verres de bouillon
- 1 cuillère à soupe de farine
- 1 brin de thym
- 2 feuilles de laurier
- sel, poivre

Préparation de la rouelle de veau aux mousserons.

Equeuter et laver les mousserons, les égoutter.

Mettre les champignons dans une sauteuse et leur faire rendre à feu doux leur eau de végétation durant quinze minutes (les agiter de temps en temps). Réserver le jus rendu par les champignons.

Découper le lard et le jambon en dés, éplucher et ciseler les oignons.

Chauffer trente grammes de beurre dans la cocotte et faire revenir les oignons, le lard et le jambon ensemble.

Quand ils sont à point, les retirer et dorer dans ce jus la viande sur les deux faces. Remettre la garniture, ajouter le bouquet garni, mouiller avec l'eau de végétation des champignons et un verre de bouillon, porter à ébullition.

Manier le beurre restant et la farine, les inclure à la sauce en remuant bien. Saler, poivrer, couvrir et poursuivre la cuisson à feu doux. Mouiller en cours de cuisson si nécessaire avec du bouillon.

Ajouter et répartir les mousserons vingt minutes avant la fin de la cuisson.

Vous pouvez remplacer les mousserons frais par des mousserons séchés. Mouiller alors avec l'eau de réhydration tamisée des champignons.

Vin conseillé ➡ mâcon rouge.

Gigot brayaude.

GIGOT BRAYAUDE
Pour 8 personnes

Temps de cuisson ☞ 4 h 15

- *1 gigot de 2 kg environ*
- *2 gros oignons*
- *3 gousses d'ail*
- *2 carottes*
- *2 dl de bouillon*
- *1 cuillère à soupe saindoux*
- *sel, poivre*

Désosser ou faire désosser en partie le gigot par le boucher (ôter l'os du quasi). Eplucher deux gousses d'ail, les tailler en éclats et les piquer dans le gigot bien ficelé.

Faire chauffer le saindoux dans la cocotte et saisir vivement le gigot.

Ajouter la gousse d'ail non épluchée, les oignons et les carottes pelées et coupées en rondelles.

Mouiller avec le bouillon, couvrir et introduire dans le four très doux (thermostat entre 4 et 5).

Le gigot brayaude peut être accompagné de haricots rouges, de lentilles du Puy ou de chou braisé.

Vin conseillé ➡ saint-pourçain rouge.

LA FALETTE
Pour 8 personnes

Temps de cuisson ☞ 2 h

- *2 kg de poitrine de veau fendue*
- *400 g de gorge de porc*
- *400 g de poitrine de porc*
- *3 dl de vin blanc*
- *3 dl de bouillon*
- *3 œufs*
- *100 g de mie de pain*
- *lait*
- *200 g de raisins secs de Smyrne*
- *4 oignons*
- *1 bouquet de persil*
- *1 gousse d'ail*
- *1 bouquet garni*
- *31 pincée de muscade*
- *2 cuillères à soupe de saindoux*
- *sel, poivre*

Faire gonfler les raisins secs dans de l'eau tiède pendant deux heures.

Hacher ensemble la gorge de porc, la poitrine de porc, le persil, ainsi que la mie de pain préalablement trempée dans le lait et essorée.

Incorporer les œufs séparément, ajouter les raisins, poivrer et aromatiser avec la muscade, bien amalgamer : cette farce doit être homogène.

Introduire la farce dans la poitrine et coudre les extrémités.

Mettre une cuillère à soupe de saindoux dans un plat allant au four, placer la falette et la faire dorer à four moyen quarante-cinq minutes.

Dorer dans une cocotte avec le saindoux restant les oignons pelés et débités en rouelles avec l'ail écrasé. Quand il commence à se colorer, poser la falette dessus.

Verser le vin et le bouillon dans la cocotte, assaisonner et ajouter le bouquet garni, couvrir et poursuivre la cuisson à feu doux.

La falette s'accompagne souvent de lentilles vertes du Puy.

Vin conseillé ➡ chanturgue rouge ou rosé.

La falette.

CHEVREAU À LA CANTALIENNE

Pour 6 personnes

Temps de cuisson ☞ 45 min

- *1,5 kg de carré de chevreau coupé en morceaux*
- *125 g de lard maigre coupé en dés*
- *1 oignon*
- *50 g de beurre*
- *3 dl de bouillon*
- *1 cuillère à soupe de farine*
- *1 cuillère à soupe de chapelure*
- *1 cuillère à soupe de vinaigre*
- *sel, poivre*
- *quelques brins de persil*
- *1 bouquet garni*

Eplucher l'oignon et le couper en rouelles.

Faire fondre le beurre dans la cocotte, dorer les lardons et l'oignon ainsi que le chevreau.

Quand la viande est à point, mouiller avec le bouillon et le vinaigre.

Saupoudrer avec la farine et la chapelure.

Remuer vivement, ajouter le bouquet garni, saler et poivrer.

Couvrir et laisser mijoter.

Dresser dans un plat creux et saupoudrer avec le persil haché. Servir avec des pommes de terre sautées.

Vin conseillé ➡ côtes d'Auvergne-Boudes.

Marinade pour le civet.

Les gibiers

MARINADE POUR CIVET

Pour 6 à 8 personnes

- *1 bouteille de vin rouge corsé*
- *2 oignons*
- *3 carottes*
- *1 branche de céleri*
- *2 gousses d'ail*
- *5 brins de persil*
- *2 feuilles de laurier*
- *1 branche de thym*
- *quelques aromates supplémentaires (menthe, sauge, hysope, origan)*
- *1/2 verre d'huile*
- *10 cl de vinaigre*
- *sel et poivre*

Mettre la viande dans un plat creux.

Y ajouter les légumes hachés grossièrement ainsi que l'ail et le persil.

Saler, poivrer et arroser avec l'huile et le vinaigre.

Verser le vin dans une casserole, y déposer les aromates, et porter à ébullition.

Lorsque le vin est tiède, en couvrir la préparation.

Lorsque les pièces de gibier sont destinées à être rôties, il est possible – et parfois souhaitable – de supprimer le vin de la marinade.

LIÈVRE EN SAUPIQUET

Pour 4 personnes

Temps de cuisson ☞ 2 h

- *1 lièvre*
- *4 oignons*
- *2 feuilles de laurier*
- *2 brins de thym*
- *2 gousses d'ail*
- *5 ou 6 baies de genièvre*
- *1 verre de vin rouge corsé*
- *3 cuillères à soupe d'huile*
- *1 cuillère à soupe de gelée de groseille*
- *1 cuillère à soupe de farine*
- *sel, poivre*

Découper les abats du lièvre, réserver le râble.

Hacher finement le foie, le cœur, les poumons et les rognons du lièvre ainsi que l'ail et les oignons. Les faire revenir avec deux cuillères d'huile dans une cocotte.

Ajouter les cuisses et les pattes du lièvre coupées en petits morceaux et les laisser dorer. Aromatiser, saler, poivrer, saupoudrer et bien remuer.

Mouiller avec le vin, couvrir et laisser cuire doucement.

Placer le râble du lièvre dans un plat allant au four. Introduire dans le four préchauffé (thermostat 8) durant quinze minutes, surveiller la cuisson ; le râble doit rester saignant.

Lier au dernier moment la sauce avec le sang du lièvre et la gelée de groseille.

Verser le saupiquet sur le râble saignant.

Servir aussitôt.

Vin conseillé ➡ fitou, madiran.

CIVET DE SANGLIER AUX CHÂTAIGNES

Pour 6 à 8 personnes

Temps de cuisson ☞ 2 h

- *1,6 kg de sanglier*
- *500 g de châtaignes épluchées*
- *250 g d'échalotes*
- *350 g de ventrèche salée*
- *6 cl de cognac ou d'armagnac*
- *5 branches de persil*
- *1 verre d'eau*
- *2 cuillères à soupe de farine*
- *sel et poivre*

Civet de sanglier aux châtaignes.

Découper la viande en morceaux.

Laisser mariner au moins une nuit dans le réfrigérateur au-dessus du bac à légumes après l'avoir recouvert d'un film alimentaire. Vous pouvez, selon votre goût, prolonger le temps de marinade deux ou trois jours.

Dans une cocotte, faire revenir des petits cubes de ventrèche. Les retirer et faire dorer dans ce jus les morceaux de sanglier bien essuyés. Les flamber avec l'alcool choisi, les retirer. Dans le jus restant, faire blondir les échalotes finement découpées, ajouter la persillade et deux cuillères à soupe de farine, mouiller avec un verre d'eau, bien remuer. Remettre les morceaux de sanglier, les lardons et verser dessus le vin de la marinade tamisé ; faire mijoter deux heures, le couvercle de la cocotte entrouvert, et remuer de temps en temps.

A mi-cuisson, ajouter les châtaignes.

Lorsque la viande est cuite, si la sauce vous paraît un peu longue, vous pouvez, après en avoir retiré les morceaux, la faire réduire.

Cette recette s'applique au chevreuil et au lièvre.

Vin conseillé ➡ vin de Cahors.

GIGUE DE CHEVREUIL AUX POMMES

Pour 8 personnes

Temps de cuisson ☞ 1 h

- *1 gigue de chevreuil*
- *8 pommes*
- *1 orange*
- *myrtilles ou à défaut de la confiture de myrtilles*
- *200 g de beurre*
- *25 cl de crème fraîche*
- *2 cuillères à soupe de farine*
- *5 cl de Grand Marnier*
- *2 cuillères à soupe de vinaigre*
- *sel, poivre*

Pour la marinade :

- *1 bouteille de pommard rouge*
- *pour les autres ingrédients, voir page précédente*

Chevreuil en marinade.

Pommes pour accompagner la gigue de chevreuil (photo Philippe Abraham).

Faire mariner la gigue au moins quarante-huit heures.

Egoutter la gigue, l'enduire avec trente grammes de beurre, la saler, la poivrer et la faire rôtir dans le four préchauffé (thermostat 7).

La retourner et surveiller la cuisson. La gigue doit rester rosée à l'intérieur.

Tamiser le vin de la marinade. Garder les légumes et jeter les aromates.

Réduire le vin de la moitié de son volume et faire suer doucement, dans un poêlon, les légumes de la marinade.

Peler et évider les pommes, les placer dans un plat allant au feu, mettre un morceau de beurre dans l'évidement de chaque fruit. Introduire dans le four préchauffé (thermostat 7) et laisser cuire pendant vingt-cinq minutes environ.

Laver les myrtilles et les blanchir ainsi que le zeste d'orange taillé en filets (deux à trois minutes).

Retirer la gigue du four, l'envelopper dans une feuille d'aluminium et la tenir au chaud.

Additionner la crème fraîche, le vinaigre et le jus d'orange et faire réduire ce mélange de la moitié de son volume.

Dégraisser le jus de cuisson et le flamber avec le Grand Marnier. Saupoudrer avec la farine et laisser se colorer. Mouiller avec le vin, réduit, de la marinade et ajouter les légumes. Réduire d'un tiers. Ajouter la crème fraîche et ses additifs.

Vérifier l'assaisonnement et monter la sauce avec le beurre restant et y mettre les filets de zeste d'orange.

Découper la gigue à la manière d'un gigot, la dresser sur un plat long entourée de pommes dont le centre sera rempli avec les myrtilles. Napper avec la sauce et présenter le reste en saucière.

Vin conseillé ➡ le même que pour la préparation.

SALMIS DE FAISAN

Pour 4 personnes

Temps de cuisson ☞ 1 h

- *1 faisan*
- *150 g de jambon de pays*
- *3 échalotes*
- *1 oignon*
- *1 bouquet garni*
- *1 bouteille de vin*
- *5 cl d'armagnac*
- *4 branches de persil*
- *1 cuillère à soupe de farine*
- *70 g de beurre*
- *3 cl de glace de viande*
- *1 cuillère à soupe d'huile d'arachide*
- *sel et poivre mignonnette*

Vider le faisan, conserver le cœur et le foie. Faire dorer le faisan dans la cocotte sur un mélange d'huile et de beurre chaud, le flamber avec l'armagnac, le retirer très saignant de la cocotte et le mettre en attente.

Hacher menu le jambon, l'oignon, les échalotes, le persil, et les

Salmis de faisan.

faire revenir dans le jus de cuisson du faisan ; ajouter la farine et remuer en appuyant bien sur le fond de la cocotte pour qu'elle n'accroche pas ; mouiller avec un verre d'eau la glace de viande et le vin, ajouter le bouquet garni (menthe, thym, laurier, sauge), saler, poivrer, laisser bouillir cinq minutes.

Découper le faisan et le mettre dans la sauce. Laisser mijoter à feu doux jusqu'à ce que la chair de l'oiseau soit tendre. En fin de cuisson, incorporer le cœur et le foie mixés.

Dresser et décorer avec des croûtons dorés au beurre et servir très chaud.

Cette recette s'applique au chevreuil et au canard sauvage.

Vin conseillé ➡ le même que dans la sauce.

PERDREAUX RÔTIS AUX RAISINS

Pour 4 personnes

Temps de cuisson ☞ 55 min

- *2 perdreaux*
- *2 bardes légères*
- *1 carotte*
- *1 oignon, 1 échalote*
- *1 branche de céleri*
- *5 cl de glace de viande*
- *5 cl de madère ou de porto*
- *5 cl d'armagnac*
- *30 gros grains de raisin blanc*
- *15 grains de raisin muscat noir*
- *70 g de beurre*
- *sel et poivre*

Faire une petite mirepoix en faisant fondre au beurre les légumes hachés. Beurrer généreusement un plat allant au four et y déposer les perdreaux parés et entourés d'une barde légère, introduire dans le four préchauffé (thermostat 7). Après vingt minutes de cuisson, les arroser avec l'armagnac et les flamber.

Les entourer avec la mirepoix. Laisser cuire encore vingt minutes (thermostat 6).

Peler et épépiner vingt grains de raisin blanc, les placer autour des oiseaux et prolonger la cuisson de dix minutes, après avoir déglacé avec le vin et ajouté la glace de viande.

Perdreaux rôtis aux raisins.

Retirer les perdreaux et les maintenir au chaud. Mixer le contenu du plat et le remettre dans ce même plat, y jeter le reste des raisins blancs et les muscats, poser les perdreaux et saisir cinq minutes au four.

Dresser sur la sauce, et entourer de raisins.

Vin conseillé ➡ saint-émilion.

La flognarde.

Gelée de framboises.

Les desserts

La flognarde

Pour 6 personnes

Temps de cuisson ☞ 30 min

- *6 œufs*
- *1 l de lait*
- *6 cuillères à soupe de farine*
- *6 cuillères à soupe de sucre en poudre*
- *1 zeste de citron ou une gousse de vanille*
- *40 g de beurre*

Déposer les œufs entiers dans une jatte, incorporer la farine.

Faire chauffer ensemble le lait et le sucre.

Quand le sucre est fondu, les mélanger aux œufs et à la farine, parfumer (bien remuer pour éviter les grumeaux).

Bien beurrer le moule de cuisson.

Introduire dans le four (thermostat 7) durant trente minutes.

LE MILLIARD OU CLAFOUTIS AUVERGNAT

Pour 6 personnes

Temps de cuisson ☞ 45 min

- *100 g de farine*
- *100 g de sucre en poudre*
- *2 dl de lait*
- *2 œufs*
- *500 g de cerises noires*
- *1 pincée de sel*
- *30 g de beurre*

Bien amalgamer dans une terrine : la farine, le sucre, le sel, les œufs et le lait.

Laver et équeuter les cerises, les mélanger avec la crème.

Beurrer un plat allant au four, y verser la préparation.

Introduire le plat dans le four préchauffé (thermostat 7), après l'avoir parsemé de copeaux de beurre.

A mi-cuisson, baisser le thermostat (6) et couvrir si nécessaire le gâteau avec une feuille d'aluminium ou de papier cuisson.

Vous pouvez remplacer les cerises par des prunes ou des fraises.

Le milliard ou clafoutis auvergnat.

Clafoutis aux pommes.

CLAFOUTIS AUX POMMES

Pour 8 personnes

Temps de cuisson ☞ 40 min

- 8 belles pommes
- 1/2 l de lait
- 4 cuillères à soupe de farine
- 250 g de sucre en poudre
+ 2 cuillères à soupe de sucre cristallisé
- 2 œufs
- 30 g de beurre

Mélanger tous les ingrédients dans une terrine et travailler jusqu'à obtenir un mélange homogène.

Eplucher et évider les pommes, les couper en tranches.

Beurrer un plat allant au four, mettre alternativement une couche de pommes et une couche de pâte, en terminant par une couche de pommes et saupoudrer avec le sucre cristallisé.

Préchauffer le four (thermostat 7), introduire le clafoutis et diminuer à mi-cuisson (thermostat 6).

Ce clafoutis doit être caramélisé ; ne pas couvrir.

LOS PAPOS

(les papes)

Pour 6 personnes

Temps de cuisson ☞ 6 min

Cette bouillie à base de farine de froment et de farine de blé noir, plus ou moins sucrée selon les goûts, est aujourd'hui tombée dans l'oubli. C'était pourtant l'une des plus anciennes recettes de la cuisine auvergnate.

- *125 g de farine de froment*
- *125 g de farine de blé noir*
- *1 l de lait*
- *200 g de sucre*

Mélanger les farines et le sucre dans une casserole.

Verser le lait froid, petit à petit, bien délayer sans faire de grumeaux.

Laisser cuire à feu modéré en remuant avec un fouet, laisser cuire cinq minutes à partir des premiers bouillons. Servir brûlant.

POMPES AUX POMMES

Pour 6 personnes

Temps de cuisson ☞ 45 min

- *2 abaisses de pâte brisée (voir recette p. 29)*
- *3 pommes*
- *300 g de sucre en poudre*
- *30 g de beurre*
- *1 œuf*

Préparer la pâte brisée suivant la recette.

Eplucher, épépiner et émincer les pommes.

Préchauffer le four (thermostat 6-7), beurrer un plat à tarte, foncer le plat avec une abaisse de pâte, garnir avec les pommes mélangées au sucre en poudre et recouvrir avec la seconde abaisse.

Dorer à l'œuf et cuire à four moyen (thermostat 6-7).

Ci-contre : pompes aux pommes (photo Philippe Abraham).

TARTE AU LAIT CAILLÉ
Pour 6 personnes

Temps de cuisson ☞ 35 min

- 1 abaisse de pâte brisée (voir recette p. 29)
- 1/2 l de lait caillé égoutté
- 4 œufs
- 20 cl de crème fraîche
- 50 g de sucre en poudre
- 30 g de beurre

Tarte au lait caillé.

Foncer un plat à tarte bien beurré avec la pâte brisée.

Battre ensemble tous les ingrédients destinés à la garniture sauf le blanc des œufs.

Monter les blancs d'œufs en neige ferme et les amalgamer doucement à l'appareil.

Verser la garniture sur la pâte et cuire à four chaud (thermostat 7 ou 8).

CORNET DE MURAT
Pour 3 à 8 personnes

Temps de cuisson ☞ 5 à 6 min

- 200 g de farine
- 200 g de sucre en poudre
- 6 œufs
- 40 g de beurre
- 1 pincée de sel

Mettre dans une terrine la farine, le sucre et le sel ; bien mélanger. Battre les œufs. Former une fontaine et incorporer doucement les œufs.

Beurrer et fariner une plaque allant au four. Poser sur la pâte des petits tas de pâte de la grosseur d'un œuf de pigeon. Etaler ces plats de pâte de façon à former des disques de sept à huit centimètres de diamètre.

Préchauffer le four (thermostat 8) et introduire la plaque.

Retirer la plaque du four, décoller les disques et les enrouler vivement en forme de cornet.

Si les disques de pâte deviennent cassant, les réchauffer.

Ces cornets sont le plus souvent servis remplis de crème Chantilly.

GÂTEAU AUX NOIX

Pour 4 personnes

Temps de cuisson ☞ 30 min

- *100 g de cerneaux de noix*
- *100 g de noisettes écalées*
- *200 g de sucre en poudre*
- *10 œufs*
- *50 g de farine*
- *5 cl de rhum*
- *1 pot de confiture de votre choix*

Mettre dans le four les noix et les noisettes dix minutes pour les griller. Les réduire en poudre.

Dans une terrine, malaxer la poudre de noix et de noisettes, les jaunes d'œufs, le sucre et le rhum.

Monter les blanc d'œufs en neige très ferme. Les incorporer à la pâte ainsi que la farine.

Beurrer et fariner le moule et y verser la préparation.

Introduire le moule dans le four préchauffé (thermostat 6).

Partager le gâteau dans le sens de l'épaisseur et le fourrer avec la confiture.

POIRES CLAUDINE

Pour 4 personnes

Temps de cuisson ☞ 20 min

- *4 poires*
- *200 g de macarons*
- *75 g de sucre en poudre*
- *1 sachet de sucre vanillé*
- *1 dl d'alcool de fruit*
- *80 g de beurre,*

Peler et épépiner les poires, les débiter en tranches épaisses.

Bien beurrer un plat allant au four, mélanger le sucre en poudre et le sucre vanillé.

Ecraser les macarons.

Placer en alternance dans le plat de cuisson des couches de poires, de macarons et le sucre. Terminer avec des macarons et répartir soixante-dix grammes de beurre fondu.

Introduire le plat dans le four préchauffé (thermostat 7).

La cuisson terminée, arroser les poires avec l'alcool de fruit choisi et flamber.

Ce dessert accepte d'être légèrement caramélisé.

Poires claudine (photo Philippe Abraham).

CONFITURE DE MARRONS

Temps de cuisson ☞ 1 h 40

- *1 kg de marrons*
- *750 g de sucre cristallisé*
- *1 gousse de vanille*

Si vous épluchez vous-mêmes vos marrons, faire une incision sur le côté des marrons, les plonger dans une casserole d'eau bouillante.

Les marrons doivent être épluchés chauds ; pour faciliter l'opération, il vaut mieux les plonger dans l'eau par petites quantités. Poursuivre la cuisson dans de l'eau vanillée vingt à vingt-cinq minutes.

Passer les marrons au tamis, faire un sirop avec le sucre et y verser la purée en remuant doucement avec une spatule en bois.

Laisser cuire en remuant sans arrêt.

Confiture de châtaignes, carrés d'Arverne et croquants d'Auvergne.

La confiture est cuite lorsqu'elle est translucide et a la consistance d'une purée claire.

Pour obtenir une longue conservation, il faut stériliser les pots de confiture de marrons.

GELÉE DE FRAMBOISES

Temps de cuisson ☞ 7 à 8 min

- *1 kg de jus de framboises*
- *1 kg de sucre*

Laver et écraser les fruits, les porter à ébullition, les retirer du feu après quelques bouillons. Laisser les fruits tiédir et les presser dans un torchon.

Mettre le sucre et le jus des framboises dans une bassine à confiture. Mettre à feu moyen sept minutes maximum. Remuer et écumer jusqu'à ce que le sirop fasse la nappe.

Les gelées sont très vite prêtes, une cuisson trop longue les rend collantes.

Cette recette de gelée est celle léguée par nos grand-mères ; mais je me permettrais de conseiller le résultat de mes expériences (mes fram-

Gelée de framboises.

boisiers et mes mûriers me donnent d'abondantes récoltes) pour faciliter la préparation des fruits.

Laver les fruits, les porter à ébullition et les retirer aux premiers bouillons. Les mettre dans le bol du mixer durant quelques secondes (le temps est variable selon les diverses marques d'appareils).

Laisser de côté le bon vieux torchon et utiliser pour séparer le jus et les graines un morceau de collant ou de bas en nylon.

La préparation des gelées devient ainsi un jeu d'enfant.

Procéder de la même manière pour la gelée de mûres, de myrtilles ou de groseilles.

TABLE DES MATIÈRES